裴尚苑編撰

治家瑰寶

文史哲出版社印行

國家圖書館出版品預行編目資料

治家瑰寶/ 裴尚苑編撰. -- 初版. -- 臺北市：文史哲,民 91
面： 公分
ISBN 957-549-466-0 (平裝)

1.家訓

193 91015518

治 家 瑰 寶

編 撰 者：裴 尚 苑
出 版 者：文 史 哲 出 版 社
http://www.lapen.com.tw
登記證字號：行政院新聞局版臺業字五三三七號
發 行 人：彭 正 雄
發 行 所：文 史 哲 出 版 社
印 刷 者：文 史 哲 出 版 社
臺北市羅斯福路一段七十二巷四號
郵政劃撥帳號：一六一八〇一七五
電話 886-2-23511028・傳真 886-2-23965656

實價新臺幣二六〇元

中 華 民 國 九 十 一 年 (2002)九 月 初 版

ISBN 957-549-465-2

治家瑰寶 目錄

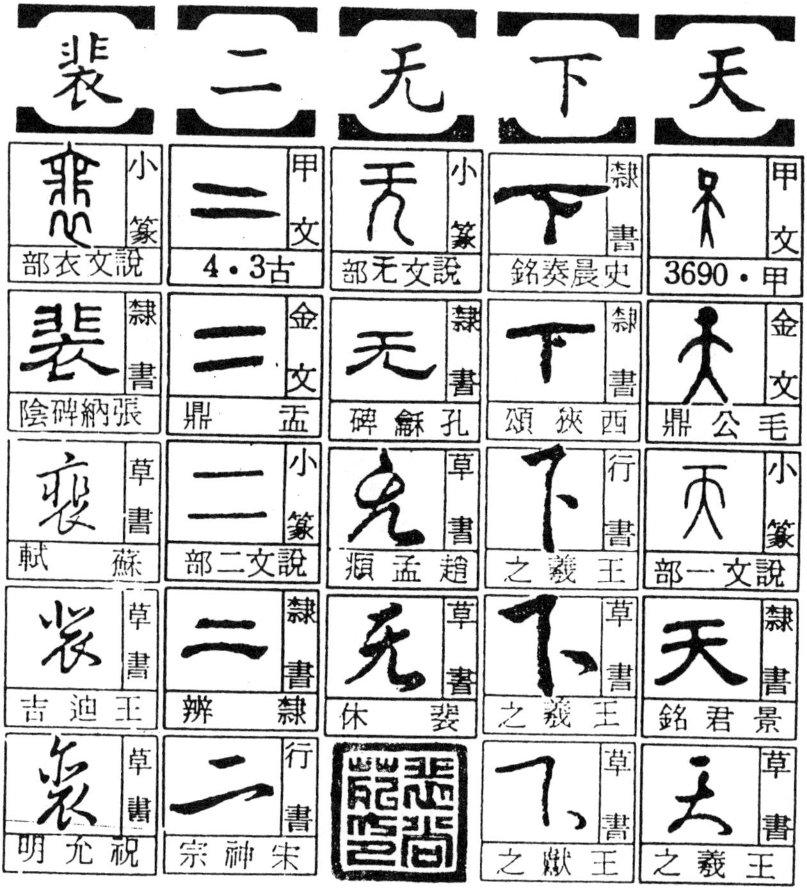

天 下 无 二 裴
甲文 甲3690・
金文 毛公鼎
小篆 說文一部
隸書 景君銘
草書 王羲之
隸書 史晨奏銘
隸書 西狹頌
行書 王羲之
草書 王羲之
草書 王獻之
小篆 說文无部
隸書 孔龢碑
草書 趙孟頫
草書 裴休
甲文 古3・4
金文 盂鼎
小篆 說文二部
隸書 隸辨
行書 宋神宗
小篆 說文衣部
隸書 張納碑陰
草書 蘇軾
草書 王迪吉
草書 祝允明

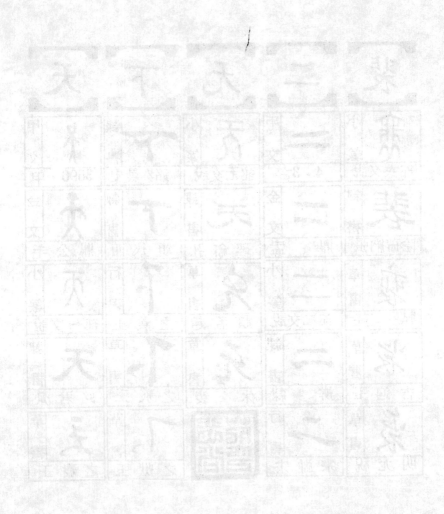

序

治家瑰寶一書主要有兩部分：一爲雲陽裴氏家訓，一爲河東裴氏家訓。前者自故宮博物院圖書館中的雲陽裴氏宗譜中影印得來，內容豐富共七十二則，包括統論、讀書、明理、存心、立身、言行、愼言、謹行、君臣、父子、夫婦、兄弟、朋友、宗族、雜錄等，可說將一個人的立身處世、倫理道德、孝順父母、友愛兄弟、敦親睦族的基本原則與作法無所不包，其中對破除迷信追求眞理的理念令人印象深刻，也有一些內容因時空流轉遷移，不太適合時宜，讀者可斟酌參考，不過絕大部分都是苦口良藥、金石玉言，值得銘記遵循。另外因其文辭艱深，不易瞭解，無法普及流傳，於是不揣簡陋，決心將其注釋、翻譯，公諸於世，不限裴氏後裔，人手一冊，父以教子，兄以教弟，廣爲流傳，發揚光大，充分發揮家庭教育功能，進而移風易俗、安定社會，重建謙虛有禮的祥和社會。

河東裴氏家訓由故同學黃香石先生提供，不知得自何處，有待查證。其中家訓十二條、家戒十條，另有治家格言等，都是勸人為善，故一併收錄刊印，以作為教育子女的優良教材。

我國向來注重家庭教育，曾讓國人引以為榮，但近來因社會變遷，家庭結構改變，父母忙於工作，疏於教導子女，以致不少青少年誤入歧途，交結損友，習染惡習，加入幫派，嗑藥，搶劫，行為殘暴，無惡不作，形成社會亂源，讓人看了痛心，也為國家前途耽憂，追究原因，皆因家庭教育崩潰，父母未盡教養之責所致，故欲挽救民族幼苗，尋求安定社會，非從加強家庭教育著手不可，藉本書之問世能引起大家共識，共同為拯救青少年而努力。

本書翻譯、注釋、編輯費時兩年，奈編者才疏學淺，其中有些辭句仍無法解釋清楚，尤其有些諺語無從查考，幸好原文一併刊印，不解之處，只好留待方家釋疑。編輯期間承蒙多方給予協助，心存感激，尤以沈湘珠女士費神點校，特致謝忱。

裴尚苑　識于台北

民國九十一年（二〇〇二）六月　日

裴氏簡介

在山西省聞喜縣禮元鎭附近的裴柏村，我國歷史上出現過一個遐邇聞名的河東聞喜裴氏家族。裴氏家族自古爲三晉望族，也是中國歷史上聲勢顯赫的名門巨族，上自周秦，下迄於今，綿延兩千餘年，源遠流長，歷久不衰，特別是自晉至唐的六個多世紀中，將相接武，仕宦如林，名人輩出，各領風騷，其家族人物之盛，德業文章之隆，在中國歷史上極爲罕見。至其源流、分支與蔓延，歷來有「三支五房」之説：聞喜故地曰中眷裴；分支於長安與涼州一帶者曰西眷裴；分支於幽燕一帶者曰東眷裴；還有洗馬裴與東來吳裴，總稱「三支五房」。實際上，其分支蔓延情況，遠比這廣泛得多。宋代以後，裴氏子孫幾乎遍布天下，除省外如陝西、河南、甘肅、河北、湖南、湖北、江西、江蘇、安徽、四川、廣東甚至台灣及南洋等地不説，單就山西省晉南這塊土地上，就分「八裴十二族」，可謂盛矣！然不論何方何地裴氏後裔，細考其譜系源流，追其本末出處，大都出自三眷之後，皆發端於聞喜裴柏村，故曰「天下無二裴」，確實是一個非常獨特、非常罕見的社會歷史文化現象。

裴氏家族公侯一門，冠裳不絕，聲名顯赫，業績卓著，正史立傳與載列者，六百餘人，名垂後世者，不下千餘人，總計大小官員三千餘人。在這上下兩千餘年間，先後出過宰相五十九人，大將軍五十九人，中書侍郎十四人，尚書五十五人，侍郎四十四人，常侍十一人，御史十一人，刺史二百十一人，太守七十七人，郡守以下，不計其數。在眾多的裴氏名人中，他們無論在政治、經濟、軍事、外交方面，或在文化、藝術、歷史、科學等方面，均做出過突出的貢獻。這其中，著名的政治家有裴秀、裴楷、裴蘊、裴矩、裴他、裴讓之、裴政、裴寂、裴胄、裴度、裴樞等；軍事家有裴行儉、裴度、裴茂、裴潛、裴叔業、裴邃、裴駿、裴衍、裴寬、裴果、裴文舉、裴鏡民、裴濟等；法學家有裴政；外交家有裴矩、裴世清；地理學家有裴秀；經濟學家有裴蘊、裴耀卿、裴宗錫等；史學家有裴松之、裴駰、裴庭裕、裴昭明、裴子野等；文學家有裴啓、裴遐、裴融、裴敬憲、裴迪、裴莊伯、裴伯茂、裴說、裴澤等；藝術家有裴行儉、裴寬、裴敬憲、裴詢等；女才人有裴皇后、孝敬哀皇后、裴淑英、裴柔之、裴貞一等；狀元有裴俅、裴思謙、裴延魯、裴格、裴說等……

特別值得一提的是：西晉地圖學家裴秀，乃我國地圖學之祖；西晉文學家裴啓，開「語林」體小說之先河；劉宋史學家裴松之，裴駰、裴子野祖孫父子一家、均以治史名世，是我國最著名的史學世家；隋代外交家裴世清，是我國歷史上第一個率領政府級外交使團出訪日本的外交大臣；唐代藝術家裴孝源，所著《貞觀公私畫史》，考隋以前古畫名目，莫古於是，被譽爲中國賞監察之祖，等等。總之，在中國歷史長河中，裴氏家族代有偉人，燦若群星，功德昭著，光彩奪目，始終占據著一定的歷史位置。

聞喜有個「宰相村」

在中國兩千年的舊社會裡，有一個獨一無二的望世家族，這就是河東聞喜裴氏家族。這個望族的發祥地，就是現在的山西省聞喜縣禮元鎮裴柏村。

裴氏家族自古爲三晉望族，也是中國歷史上聲勢顯赫的名門巨族。「自秦漢以來，歷六朝而盛，至隋唐而盛極，五代以後，餘芳猶存，在上下二千年間，豪傑俊邁，名卿賢相，摩肩接踵，輝耀前史，茂郁如林，代有偉人，彪炳史冊」。其家族人物之盛，德業文章之隆，在中外歷史上堪稱絕無僅有。

裴氏家族公侯一門，冠裳不絕。正史立傳與載列者，六百餘人；名垂後世者，不下千餘人；七品以上官員，多達三千餘人。在上下兩千餘年間，先後出過宰相五十九人，大將軍五十九人，中書侍郎十四人，尚書五十五人，侍郎四十四人，常侍十一人，御史十一人，刺史二一一人，太守七十七人，郡守以下不計其數。還多次與皇室聯姻，出過皇后三人，太子妃四人，王妃二人，駙馬二十一人。自漢、魏，南北朝，至隋唐、五代，在中華大地兩千多年的歷史進程中，裴氏家族在政治、經濟、軍事、外交等諸方面，均成就了突出的貢獻。僅隋唐二代活躍于政治舞臺上的名臣就不下數十人。其中著名的政治家有裴秀、裴楷、裴蘊、裴矩、裴他、裴讓之、裴政、裴寂、裴冑、裴度、裴樞等，軍事家有裴行檢、裴茂、裴潛、裴叔業、裴邃、裴駿、裴衍、裴寬、裴果、裴文舉、裴鏡民、裴濟等；法學家有裴政；外交家有裴矩（亦爲政治家）、裴世清等。

隋代名臣裴政，是著名的法律學家。據《隋書》記載，裴政在斷獄時，「用法寬平，無有冤濫」，深得民心。又因敢于直言進諫，多所匡正，享譽朝堂內外。隋文帝即位後，裴政等人受命制定隋朝新律《開皇律》。裴政博採魏、晉、齊、梁等南北朝時各家刑典，取其可用之處，廢除前世的梟首、鞭笞等酷刑，把刑訊時慣用的大棒、毒杖、車輻壓踝等酷刑全部革除，並規定民有冤屈，縣不受理時，可依次上訴郡、州、省，仍不理者，可直接向刑部申訴。《開皇律》無論從內容到形式，比歷代任何律令都顯得格外開明，是一部劃時代的古代刑典，爲後世立法奠定規範格式。明代大思想家王夫之高度評價道：「今之律，其大略皆隋裴政之所制定也」，足見其影響深遠。

隋朝文林郎裴世清，是個九品小官，正史甚至沒有給他立傳，但他卻是在我國歷史上第一個代表國家，率領友好使團出訪日本的外交大臣。隋大業三年（公元六〇七年），日本國派遣使者小野妹子訪隋，次年三月到達長安。裴世清受隋煬帝詔命，率隋朝使團一行十三人回訪日本，並晉見了日本天皇，獻上了文物及國書。他攜帶的這份國書在日本的《日本書記》史籍中被保存下來，成爲永久的歷史見證，爲發展中日睦鄰友好關係做出了傑出的貢獻。

名臣裴矩（公元五四七—六二七年），是供職于周、隋、唐的三朝元老，爲政廉謹，頗負清名。他先後任户部侍郎、内史侍郎、尚書左丞、吏部尚書等職。隋煬帝時，裴矩受命赴張掖（在今甘肅）主管與西域各國開展貿易之事。在與各國商人接觸中，他獲得了有關西域各國的政治、經濟、文化、交通等大量寶貴資料，編撰成《西域圖記》三卷。書中不但以大量的文字介紹了西域四四國的國情，還繪製了許多地圖，標出了從敦煌到達地中海的三條大道，其中中道和南道，即爲歷史上有名的「絲綢之路」。

唐開國元勛裴寂，在隋末群雄並起、天下大亂之際，高瞻遠矚，順天應人，鼎助李淵起兵晉陽，建立了李唐王朝。

唐宰相裴耀卿（公元六八一——七四三年），致力于整頓漕運，保證了南糧北調的水道暢通，解決了唐王朝幾十年的關口糧荒問題，開元年間傳爲佳話。

一代賢相裴度，更是世代傳頌，名垂青史。在唐代政治家中，裴度的名字完全可以與唐初的名相魏徵等人相提並論。他從青年時代便胸懷壯志，正氣凜然。其一生的最大功績就是竭盡畢生精力去一次次地敉平藩鎮割據勢力，特別是在平定淮西藩鎮吳元濟叛亂中，立場堅定，力挽狂瀾，功績卓著，使唐朝再度取得統一，出現「元和中興」的政治局面。淮西之亂平定之後，唐憲宗封裴度爲上柱國并晉國公，後來由於奸臣構陷，裴度三起三落，幾度入相，幾度出藩。裴度爲相歷憲宗、穆宗、敬宗、文宗四朝。詩文大家韓愈、柳宗元、白居易、劉禹錫等都曾撰寫詩文頌揚他的功德。他的一些事跡，甚至被編成傳奇小說，在民間廣爲流傳。

在各個學術領域中，裴氏家族卓有成就者更是朗若群星，閃耀古今，不勝枚舉。

西晉地圖學家裴秀（公元二二四—二七一年），總結我國古代地圖繪製的經驗，創造性地制定出「製圖六體」的原則，即分率（比例尺）、準望（方位）、道里（距離）、高下（地勢起伏）、方邪（傾斜角度）、迂直（河流、道路的曲直），爲編制地圖奠定了科學的基礎，爲地圖學的發展作出了劃時代的貢獻。他所著《禹貢地域圖》十八篇，是我國第一部關於地圖學說的專著。他被譽爲「中國製圖學之父」。

南北朝時期的「史學三裴」—裴松之、裴駰、裴子野，皆以治史享有盛譽。裴松之爲陳壽《三國志》作注六五卷，博採群書，史料翔實，流傳千古，開注史之先河。宋文帝稱讚他「裴世期爲不朽矣！」他的兒子裴駰爲司馬遷《史記》作注，寫成《史記集解》八〇卷，流傳于世。他的孫子、裴駰之子裴子野撰寫編年體《宋略》二〇卷，其敘事、評論都超出了沈約所著《宋史》水平。二著均影響非凡，永垂後世。

唐代小說家裴同刑著《傳奇》一書，首先提出的「傳奇」這個專有名詞，以後發展成爲一種新興的小說文體，且愈來愈富有生命力，深得世人喜愛。

裴氏家族千餘年來，將相輩出，代有偉人，確實是中外歷史上一大奇觀。所以，在我國的歷史劇中，表現裴家的戲劇就有好幾個，像《遊西湖》、《李惠娘》、《裴恒遇仙記》、《白蛇傳》等，演的都是與裴家有關的事。名劇《白蛇傳》裡的法海，是唐初政治家、書法家裴休的兒子。歷史上的法海，本來是正面人物，可是明清小說出世後，法海便成爲反面人物了，這也算是一奇。

作爲一種獨特的歷史文化現象，兩千餘年來，裴氏家族的興隆與輝煌，引發著人們的深思。

追溯裴氏家族經久興隆的原因，明末清初思想家顧炎武總結了三條，即聯姻、世襲與自強不息。裴氏家族歷史上共出過駙馬、皇后、太子妃、王妃、公主、蔭襲五十九人。由聯姻、世襲所結成的封建裙帶關係，這無疑是促成裴氏人物顯露頭角的優越條件，但並不是主要原因。對於公侯將相數以千計的裴氏家族來說，起決定作用的原因在於他們重視教育，自強不息，頑強拼搏。「重數守訓，崇文尚武，德業並舉，廉潔自律」是裴氏家風的主要特徵。裴氏曾有家規，子孫考不中秀才者，不准進入宗祠大門，謹遵「玉不琢，不成器；人不學，不知義」的古訓。裴柏村至今仍保留著重視教育的傳統，幾乎家家門樓上都有「耕讀傳家」的大字，初中以下沒有不上學的孩子，近年村裡考上大學的有三十多人呢。

裴氏家訓

小篆 說文衣部
隸書 張納碑陰
草書 蘇軾
草書 王迪吉
草書 祝允明
甲文 甲3656
甲文 京1·36
金文 毛公鼎
金文 頌壺
小篆 說文氏部
甲文 前4·15
金文 毛公鼎
小篆 說文宀部
隸書 衡方碑
草書 王羲之
金文 毛公鼎
小篆 說文言部
隸書 校官碑
行書 王羲之

雲陽裴氏家訓

家訓一：統論

士有九德：一心術；二品行；三器量；四識見；五操履；六襟懷；七學問；八事功；九文藝是也。

意譯：讀書人要具備九種德行：第一是心術要正；第二是品行要端；第三是器量要大；第四是識見要廣；第五是操守廉潔；第六要胸襟寬大；第七要有學問；第八要建立事功；第九要懂得文藝，如此才算是一位讀書人。

註釋：操履：操守行爲。

家訓二：統論

人欲從祀聖廟有五：一五倫內無毫髮欠缺；二居官清廉剛正；三功業文章可不朽；四著書闡發聖賢諸儒道蘊；五闢佛老是也。

意譯：人若想要死後附祀在孔廟裡，必須做到以下五點：一、五倫之內沒有絲毫的欠缺行爲。二、當官要清廉剛正。三、要建立不朽的功業和文章。四、著書立說，闡釋發揚古聖先賢各家學說精微深奥的大道理。五、駁斥佛陀和老聃一些邪惡不當的學說。

註釋：1.從祀聖廟：人死以後附於孔廟被人祭祀。

2.道蘊：精微深奥的大道理。

家訓三：統論

人有七不可犯：一忤逆；二尖刻；三淫污；四欺詐；五貪鄙；六俏幫閒；七剛愎鬥狠。

意譯：人有七種行爲不能犯：一、忤逆不孝。二、尖酸刻薄。三、淫亂污穢。四、欺蒙詐騙。五、貪心不足，卑鄙惡劣。六、輕薄尖刻，侍候有錢人吃喝玩樂。七、剛強固執，逞強比狠。

註釋：俏幫閒：「俏」：輕薄尖刻，「幫閒」：侍候有錢人吃喝玩樂的人。

家訓四：統論

人有十不齒：一與匪類婚；二習低微手藝；三交結人家奴僕；四屠宰；五相瞽者；六作頑童比美男子；七當衙門；八

妄攀貴顯作親戚；九爲富貴家門館司錢穀；十梁上君子。

意譯：有十種人不願和他們同列：一、與盜匪結婚的人。二、學習低微手藝的。三、交結人家奴僕。四、屠殺牲畜的人。五、瞎眼看相的。六、作頑童比美男子的。七、看守官署的。八、隨便高攀富貴顯要作親戚的。九、作富貴人家管理錢財穀糧的。十、作小偷的。（其中有些因時空變遷已不適時宜，可斟酌參考）

註釋：1.不齒：不願和他同列。
2.相瞽者：瞎眼看相的人。

家訓五：統論

做人十二不中：先世無厚德一也，倫常多虧缺二也，不尊師傅三也，善做人家四也，器量淺狹、作事刻薄五也，出言傷天地之和六也，有惡妻惡子七也，千人咒詛八也，外務太多九也，訟師十也，志氣盈滿會做秀才十一也，平時不讀書臨場抱佛腳十二也。

意譯：做人有十二種情形無法考中科舉：一、祖先沒有深厚德行。二、倫常之間有許多虧欠與缺點。三、不尊敬師長。四、擅長做弄別人。五、器量狹小，作事刻薄。六、講話傷害天地和氣。七、有兇惡的妻子和兒子。八、被千人咒罵。九、外務太多。十、律師。十一、志氣盈滿只會做秀才。十二、平時不讀書臨時抱佛腳。

註釋：不中：考不中科舉。

家訓六：統論

子弟有六不肖：毀棄祖父手筆及書籍等一也，言語如飄風毫無信實二也，比頑童交結市井無賴三也，喜博奕四也，好馳騁五也，傲睨尊長六也。

意譯：做子弟的有六種不孝的行爲：一、損毀拋棄祖先的著作及書籍等。二、講話飄浮不定，一點信用都沒有。三、好比頑童一樣交結街頭無聊蠻橫的人。四、喜歡賭博。五、喜歡到處奔走。六、驕縱傲慢，輕視尊長。

註釋：傲睨：驕縱傲慢，輕視別人。

家訓七：讀書

世間有志氣人不可限量，而讀書人尤不可限量。故讀書爲吾人第一緊要事，試看文武之政，行於三近五弗措，大學三綱領八條目，先格物致知。可知朱子讀書法，一曰居敬持志，二曰循序漸進，三曰熟讀精思，四曰虛心涵泳，五曰切己體察，六曰著緊用力，盍奉以爲則焉。

意譯：世界上有志氣的人前途不可限量，而讀書人的前途尤其不可限量，所以讀書是我們一生中最要緊的事。試看文武百官所做的事多在「三近五弗措」之間。大學裡的三綱領八條目，先以格物致知爲首。可知朱熹的讀書方法，第一、要居處恭敬，堅持志向。第二要由淺入深，循序漸進。第三要熟讀深思。第四要虛心研究，深入體會。第五要切實親身體會與觀察。第六要著實加緊用力。以上這些何不用來當作讀書的法則呢。

註釋： 1.三近五弗措：（待考）

2.三綱八條目：三綱：明明德、親民、止於至善。八條：格物、致知、誠意、正心、修身、齊家、治國、平天下。

3.涵泳：如在水中潛行，深入體會。

家訓八：讀書

又朱子曰，學者書不記，熟讀可記，義不精，細思可精，惟志不立，眞是無著力處，只如今人貪利祿而不貪道義，要作貴人而不要作好人，皆是志不立之病，直須反覆思量，究其病痛處起處，勇猛奮躍，不復作此等人，一躍躍出，見得聖賢千言萬語，都無一字不是實話，方始立得此志，就此積累工夫，迤邐向上去，大有事在諸君，勉旃不是小事，薛文清曰，雞鳴夙興，向晦晏息，皆學之時；暗室屋漏，鄉黨朝廷皆學之地；動容周旋，灑掃應對，皆學之事。沈蓉江曰，凡看書必字求其訓，句求其義，章求其旨，每節必十數次涵泳玩索，以求其通，又須虛心以爲之本，云云，皆當銘之座右。

意譯：朱熹又說：讀書人若感到讀的書記不得，多讀幾遍便可記得。意義不明瞭，細心思考便可清楚。只有志向不定才眞是無法用力。像現在一般人只貪圖利益俸祿，而不追求道德義理，只想作大官而不要作好人。這些都是沒有立定遠大志向所產生的毛病。實在須要反覆思考衡量，追究毛病所發生的原因，勇猛奮躍，不要再作這樣的人。而這一奮躍躍出迷陣，便可領悟到聖賢所說的千言萬語，沒有一字不是實話。才算是立得大志。就是這樣積累工夫，繼續前進向上，各位一定可以成大事，要勉勵不是小事。薛文清說：雞叫的時候早早起床，傍晚的時候要晚點睡。都是學習的好時光。陰暗的房間內，房屋的西北角，不論鄉里或官署都是學習的好地方。動作儀容，追隨應酬，灑掃應對，都是要學習的內容。沈蓉江說：凡看書必須每個字都要了解它的解釋，每一句話都要了解它的意義，每一章都要了解它的要旨，每一節都必須要有十幾次的反覆探求，深入體會，以求通曉，又須要虛心以爲根本等等，都可當作座右銘。

註釋：

1.迤邐：也做「迆邐」，接連不斷。

2.勉旃ㄓㄢ：勉，勤勉，旃（ㄓㄢ）「之焉」二字的合音。即「勉勵」的意思。

3.夙興：早起。

4.晏息：晚睡。

5.屋漏：房屋的西北角。供奉神主的地方。

6.鄉黨：鄉里。
7.動容：動作容儀。
8.周旋：追隨應酬。

家訓九：明理

人能曉底古今事物之理，便俯仰大塊中，磕著觸著，頭頭是道，自然曉底戒懼慎獨，自然好惡沒有一念不誠實，漸漸從聖賢路上走來。

意譯：一個人能通曉古今事物的道理，便可俯仰天地之間，不論碰著摸著，到處都可行得通。自然會徹底了解戒慎恐懼獨處的道理，自然對於好惡的念頭就沒有一點不誠實。如此便慢慢會走上聖賢的道路。

註釋：大塊中：天地間。

家訓十：存心

薛文清曰，君子之制心也，如制奔馳之馬，這個心神明不測，必時將一事放在心上，方留得他住，如爲官將愛民二字放在心上，爲子將愛親二字放在心上，爲婦女將守身二字放在心上，時時刻刻提醒一番，惟恐有違，一言將出，一事將行，打算一番，惟恐或背，積之日久，自然理得心安，沒有些子走作，所謂爲學工夫從「仰不愧於天，俯不怍於人」做起，此下手之處也。

意譯：薛文清說：正人君子約束自己的心，就像約束一匹奔跑的馬一樣。這個心連神明都無法預測它。必須將一件事情放在心上，才能留得住它。像做官的要將「愛民」二字放在心上，作子女的要將「愛親」二字放在心上；婦女們要將「守身」二字放在心上，時時刻刻提醒自己一番，只怕有所違背，將要講一句話，將要作一件事，都得好好思考一番，只怕稍有違背，累積日久，自然理得心安，沒有一點走錯，這就是所說的做學問的工夫要從「仰不愧於天，俯不怍於人」做起，這便是下手的地方。

家訓十一：存心

又朱子曰，心者身之所主也，心群動之宰，即受福之原，故人必先正其心，務仁厚而勿刻薄；務光明而勿陰險；務廣大而勿偏仄；務坦直而勿邪曲。常常以天理洗沃其心而不令爲物欲所牽引，則心正矣。卻又不可有徼福之念，有徼福之念即心不得而正，心不正則身不正，而一切不正，一切不正之人，天又孰從而福之哉。

意譯：朱子又說：心是人身的主宰，心是一切動作的主宰，也是接受福氣的源頭。所以人必須端正他的心，務必要宅心仁厚而不可刻薄；務必要存心光明而不可陰險；務必要廣大而不可偏狹；務必要坦蕩正直而不可邪惡歪曲。常常用天理來洗滌他的心，而不可爲物欲所牽引。如此心就正了。但是又不可有求福的想法，一有求福的想法，心就不得正了。心不正身便不會正，進而一切都不正，一切都不正的人，上天又怎會降福給他呢！

家訓十二：立身

凡人一生自父母生我起至今日止，細細簡驗無一毫缺方爲全人，若有一事決裂，便如白璧微瑕，深爲可惜，居嘗自思吾之一身，列傳中當得起，墓誌中說得出，孔廟從祀中坐得安，必作如此想頭，如上高山一層又是一層，若念頭偶差，則一直墜下不至山腳不止也。

意譯：一般人一生，自從父母生下開始，到今天爲止。細細檢點，沒有一點缺失，才算是一個完全的人。假若有一件事情出差錯，就好像潔白的璧玉上面有些小斑點，非常可惜，平常要自己想一想我的一生所作所爲，可以寫在列傳中嗎？在墓誌中說得出嗎？孔廟從祀中坐得安心嗎？定要這樣想，好比上高山一層又是一層，假若想法偶然偏差，便會一直掉落下去，不到山腳底下不會停止。

家訓十三：立身

方正學曰，宇內族屬但有祿位而君子無聞，族雖盛亦衰，如君子不乏而祿位暫虛，族雖衰亦盛。顧不修身曷以成君子乎，顏之四勿，曾之三省，司馬君實之無不可對人言，俱可爲法，或曰世事在在有一個未盡之數，試看天且傾西北，地且陷東南，日月且蝕於晝夜，他若禮失冬官，詩亡陔黍，不必論萬事如俱完全，定亦造物所忌也，章按這話也是天地間一段不易之理，然但可爲別樣事說法，若以論修身一件便如六鷁退飛過宋都，略無住腳處，更從何處安頓這身子來，況天傾西北，補之以石，地陷東南，補之以水，日月蝕於晝夜，補之以圓光朗照，莫不有所修補，這個身子上道理有缺，如形體有缺，一般五官不備，便不成箇人了。

意譯：方正學說：天地之間同族中，若只有有官位的人而沒有聽說有正人君子的人，族雖然目前很興盛終究也會衰敗。而如果不缺乏正人君子，雖然目前暫時沒有有官位的人，族雖然目前衰敗，終究也會興盛。但是不修身怎麼能夠成爲君子呢，顏回所講的「四勿」，曾子所講的「三省」，司馬光所說的「沒有什麼事不可以對人說」，都可以作爲修身的法則。有的人說世間的事處處都有一個無法確定的變數。試看天暫且傾斜於西北；地暫且缺陷於東南，日月有時會被蝕於晝夜，其他像禮儀中的冬官會消失，詩經中南陔、黍苗會亡佚，不必講萬事萬物如能保持完全，一定也會遭到大自然的妒嫉，章認爲這段話也是天地間一段不變的道理。然而只可就別的事情來說，若用來論修身這件事，那就像六隻鳥遇強風，退著飛過宋都一樣，毫無落腳之處。那裡還能有安頓身體的地方。況且天傾斜於西北，可用石頭來塡補，地陷於東南方，可用水來補充，日月被蝕於晝夜，可用圓光照明，都會可以有所修補，但對身爲一個人應遵守的道理如有缺失，就像形體有缺陷，一般五官不完備一樣，便不成個人了。

註釋： 1.顏之四勿：論語顏淵：「非禮勿視，非禮勿聽，非禮勿言，非禮勿動」。

2.曾之三省：論語學而：「曾子曰『吾日三省吾身，爲人謀而不忠乎？與朋友交而不信乎？傳不習乎？』」

3.司馬君實：司馬光，宋陝州夏縣涑水鄉人，字君實。

4.冬官：上古官名，周置六官，以司空爲冬官。明太祖置春夏秋冬四輔官，惟置人者僅春夏二官，秋冬闕。

5.詩亡陔黍：陔：南陔爲詩經小雅笙詩篇名其詩已亡佚。黍：黍苗，爲詩經小雅篇名。

6.六鷁退飛過宋都：六隻水鳥遇迅風退飛過宋都，鷁能抗風故遇迅風，雖卻飛而不披靡（潰敗）。

家訓十四：立身

故君子立身第一緊要勤苦節儉，自致饒裕，孝弟潔白，自致福祥，力學積久，自致通顯，俱吾人本分內事，不從外面干求得來。若萌了一箇躁進念頭，便走上邪路去，品行一敗，不齒於人，雖悔何及。昔嚴挺之寧不拜相，不見李林甫，高風勁節，卓立千苦，若今人得與林甫家奴交結，便以爲榮矣，哀哉！

意譯：君子立身最要緊，勤苦節儉，自然獲致富裕，孝順父母，友愛兄弟，潔身清白，自然會得到富貴吉祥。努力學習，累積日久，自然會得通達顯貴，都是我們本身分內的事，不必向外人求取得來。若產生了一個熱衷功名，急切求取高位的想法，便走上邪惡不正的路上去，品行一敗壞，便會被人瞧不起，雖然後悔已來不及了，唐朝時嚴挺之寧願不作宰相也不願拜見李林甫，高風勁節，卓立千古，而現在的人則認為能與李林甫的家奴交結，便是光榮的事，唉！眞是悲哀！

註釋：1.李林甫：唐宗室性柔佞狡黠，有權術，玄宗時累拜兵部尚書，兼中書令為相十九年，天下皆為仇敵，寇亂紛起，以憂卒。

2.躁進：熱衷功名，急切求取高位。

家訓十五：立身

亨途勿記怨，窮途勿受恩，言語睚眦之閒，人或出於無心，亦有過此而深悔者，吾既通籍清華直須忘卻，君子有容天下之度，人情世故，何足與較量哉。至若困頓之中有衣食我者我若稍足自給，亦須卻之，不然便終身不能忘，又生一段牽掛也，肇俊公云。

意譯：自己前途亨通時，不要記別人的怨恨，當你前途窮困時，不要接受別人給您的恩惠。言語眉目之間偶然有些冒犯，別人或出於無心，也有些人過後會感到非常後悔。我們既然是屬於清高顯貴家庭，必須忘掉這些恩怨，君子要有包容天下的度量，人情世故，何必與他較量呢！至於假若陷於艱苦困難之中，有人給我衣服食物，我若稍微自給自足也須推辭不受，不然便一輩子都不能忘記，又產生一段牽卦心情。以上是肇俊公說的。

註釋：1.睚眦：睚（ㄧㄞˊ）：眼眶、怒視。眦：眼眶，怒目恨視。

2.通籍清華：通籍：歸屬於；清華：清高顯貴之家。

家訓十六：言行

立身莫要於言行，言行者榮辱之主，而即所以動天地也，吾人欲悅親、信友、獲上、治民、非言行素孚於上下其道無由，是以君子非禮勿言，而庸言必信，非禮勿動，而庸行必謹，昔賢有言，守口如瓶，防意如城，尙其凜之，肇俊公云。

意譯：立身處世沒有比言語行爲更重要的了，言語行爲是光榮和恥辱的主要原因。言行端正可以感動天地，我們想要讓雙親愉快、朋友信賴、上級重用、使人民安樂，不是平常言語行爲讓上下相信是無法做得到的。所以正人君子不合禮的話不講，而且平常講話一定守信。不合禮的行爲不作，而且平常行爲必須謹愼。以往賢人（朱子）曾講：「守口如瓶，防意如城」。應確實遵守。以上是肇俊公講的。

註釋：1.孚：信用，使人相信。
2.庸言：平常的言語。

家訓十七：言行

君子一言一動不可不愼，遇一小小得意境界，便說驕輕話，螻蟻前程，猥瑣親戚，一撮家私，便放在面上，此種人福分淺薄，最無受用，只緣腹中無一點墨水耳，乃有識得幾字者，而亦爲之更可鄙矣，昔賢有云，書生一旦爲秀才，有無窮事業在後頭，毫不思量。惟擺踱出頭巾形狀而已，及身爲進士，有一極重擔子在肩上，毫不打點，惟換得一副紗帽面孔而已，萬一拜爲宰相，則惡態有難以形容者矣，君子器量淵涵不可測識，躬耕隴畝與正色立朝，本來面目未嘗少異，方是有學問人。

意譯：正人君子一句話一舉動都不可以不謹愼。遇到一件小小得意的事，便說出驕傲輕薄的話，像螻蛄螞蟻般的前程對親戚態度輕薄。只有一點點家產，便放在自己臉上，這種人福分淺薄，最不能享用，只因爲他肚中沒有一點學問罷了。也才認識幾個字的人，竟然也會這樣作，那就更加讓人輕視了。前賢曾說：讀書人一旦做了秀才，就有無窮盡的事業在後頭，他卻絲毫不加思考，只是踱著方步擺出戴頭巾的架勢罷了。等到他考中進士，就又有一極重的擔子在肩上，他卻毫不打點，只是換得一副戴烏紗帽的面孔罷了。萬一更進一步拜爲宰相，那他的惡劣態度就更難形容了，正人君子器識度量像深淵一樣涵泳其中不可測識。在田裡耕種與在朝廷作官，本來面目沒有一點差別。這才是有學問的人。

註釋：1.螻蟻：螻，螻蛄；蟻，螞蟻，皆昆蟲類。

2.猥瑣：淺薄庸俗，志氣卑劣。

家訓十八：慎言

慎言工夫也須從不睹不聞做起。常常有一箇慎言底念頭，夫婦宴寢也無一言涉於戲謔，偶爾閒談也無一言近於詆娸，欲發一言必自思曰「此言不發我卻無損，發之我有何益」則言，自不敢輕矣。

意譯：慎言工夫也必須從不看不聽做起，常常要保有一個慎言的念頭，夫婦之間在平常休息時也沒有一句有關戲弄人的話，偶爾閒談也沒有一句近於責罵醜化的話，要講一句話之前自己必須想到「這話不講對我並沒有損失，講了對我有什麼益處」，然後再講，這樣自然就不敢輕率啦。

註釋：1.睹：看、觀察。

2.聞：聽見。

3.宴寢：休息。

4.戲謔：以言語戲弄人。
5.詆娸：責罵，醜化。

家訓十九：愼言

人生於世不能爲善行，亦當爲善言，以示子孫，蓋善行甚難或費財力而不爲，猶有可諉，至於一言之發，又何必尖利刻薄以爲快乎，吾見一種人開口即曰「如此世界理在那里」，所謂一言而傷天地之和，貽害於子孫者也，不可不察。

意譯：人生在這個世界上不能作些良好的行爲，也應當講些好的言語，以作爲子孫的模範。因爲慈善行爲很難，或者要花費財力，才不去作，還有理由可以推託。至於講一句話，又何必尖利刻薄以逞一時之快呢！我看到一種人，開口便說：「像這樣的世界道理在那裡」？一般人所講的「一句話而傷害天地的和氣，遺留禍害給子孫。」不可以不明瞭。

家訓二十：愼言

又言者怨之府，不可不戒，見人之善而挹抑屢屢，善者即不怨我，亦失長厚之道，若見人之惡，而表暴屢屢，使惡者無地以自容，其取怨也必矣，吾師林西珍先生嘗曰「天生惡人只宜望而遠之，不必加以非刺」，先君子亦嘗曰「正人君子小人不喜，爾既惡他，他肯饒爾」，可爲疾惡太嚴者鑒。

意譯：而且講話是招致怨恨的原由，不可不防備，每次看到別人有好的表現就排斥壓制，他就是不怨恨我，也有失長者厚道的態度。假若看到別人作了壞事，每次都講給別人聽，使作壞事的人羞愧得沒有地方可以容身。這樣一定會招致到怨恨的，我的老師林西珍先生曾說：「天生的壞人你只能看到就遠離他，不必加以批評諷刺他」，先父也曾說：「正人君子小人不喜歡，你既討厭他，他豈肯饒恕你」。可以做爲疾恨惡人太嚴苛的人警戒。

註釋： 1.府：古時國家儲藏文書或財物的地方。

2.擯抑：擯ㄅㄣˋ排斥，抑ㄧˋ壓制。

3.爾：你的或體。

家訓二十一：謹行

凡人不可出絕理之言，尤不可做傷心之事，須留些地步，使日後好相見，爲之而有益於己，然且不爲，況無益於己乎，在我則偶然爲之，身受者則終身不能忘矣，此處不可不檢點也，肇俊公云。

意譯： 凡是人都不可講出沒有道理的話，尤其不可做出使人傷心的事，凡事須留些餘地，使日後好相見面。如此做便對自己有好處，尚且不做，何況對自己沒有好處呢。在我是偶然這麼做，對方感受的人便一輩子都忘不了啦。這一點不可不約束自己的言行。

家訓二十二：謹行

有利於己，無利於人，君子不爲，而眾人爲之。有利於己，有害於人，眾人不爲，而小人爲之。無利於己，有害於人，小人不爲，而惡人爲之。有害於己，有害於人，惡人亦不爲，而蠢人爲之。蠢人不可爲，惡人亦不可爲，小人亦不可爲，眾人亦不可爲，然則盍爲君子。

意譯：對自己有利對別人不利的事，正人君子不會做，但是一般人會做。對自己有利對別人有害的事，一般人都不肯做，但是小人會做。對自己不利對別人有害的事，小人不肯做，但是惡人會做。對自己有害，對別人也有害，惡人也不肯做，但是愚蠢的人會做。一個人不可做愚笨的人，也不可做惡人，也不可做小人，也不可做一般的人，那麼何不做個正人君子呢！

家訓二十三：謹行

敬神佛不如孝父母，齋僧道不如宴兄弟，賑平民不如敦九族，刊佛經不如刻宗譜，修寺廟不如建祠堂，妝金像不如勒墓碑，肇俊公云。

意譯：敬仰神佛不如孝順父母，設齋食供養僧侶不如用酒食款待自己兄弟。救濟平民不如敦睦九族，刊印佛經不如刻印宗譜。修寺廟不如建祠堂，妝點金身佛像不如雕刻墓碑。以上是前輩肇俊公所講的。

家訓二十四：謹行

人有以己甚之事加我者，則曰此偶一爲之耳，非其本念也。或有至再至三而不堪者，則以三自反之法處之，子曰，躬自厚而薄責於人則遠怨矣。曾子曰，犯而不校。衛玠曰，人有不及可以情恕，非意相干，可以理遣。

意譯：別人有時用過分欺人的態度對待我時，那就說他是偶然這麼做一次罷了，不是出於他的本意。也許有的犯第二次甚至第三次讓你無法忍受時，就用「三自反」的方法面對他。孔子說：「多要求自己少責備別人，就會遠離怨恨了」。曾子說：「別人冒犯你時不去計較他」。衛玠說：「人有不週到的地方可以情理體諒他，不是故意冒犯時，可以合理的發落他」。

註釋：衛玠：晉安邑人，字叔寶自幼風神清秀，有玉人之目。

家訓二十五：謹行

又子曰己所不欲勿施於人。孟子曰，行有不得反求諸己。董子曰正其誼不謀其利，明其道不計其功。朱子曰，只是「敬以直內，義以方外」八箇字，便一生用之不盡，皆處事接物之要也，不可不知。

意譯：孔子說：「自己不想要的不要加在別人身上」。孟子說：「凡事有行不通的，應回頭來檢討自己」。董子說：「作事要合乎眞正的道義，不必謀求利益；要闡明事情的道理，不必計較功蹟。」朱子說：只要「敬以直內，義以方外」八個字便一生受用不盡，以上這些都是處事待人的要領，不可以不知道。

註釋：敬以直內、義以方外：內心保持恭敬正直；外相要表現合宜端正。

家訓二十六：君臣

鳥獸識鳳麟之長，子不知上下之分，人無論窮達，莫不有君臣之義。窮而在下，閉戶著書，扶犁耕雨，亦即所以盡臣職也。達而在上，則惟致身而已，我晉國公主平淮之議，刺公刃三進不懾，卒取元濟，晚更明哲保身，四朝相業，照爛千古，允可爲法。

意譯： 飛鳥野獸了解鳳凰麒麟是牠們的領袖，蚊子的幼蟲知道有上下之分。人不管處境窮困或顯貴，都有尊長與屬下的關係。當窮困作平民時，關起門在家裡寫書，扶著犁去耕種，也就是盡臣民的職分。當顯達作官時，那就只有委身奉公了，我先祖晉國公裴度主張平定淮西叛亂，刺客持刀三次威脅而不怕，終於擒拿吳元濟。晚年更能明哲保身。擔任四朝宰相，功業燦爛照耀千古，實在可以作爲典範。

家訓二十七：君臣

人人識得這箇忠字，人人鮮能全得這個忠字者，何？忠不是臨時取辦的物件，全在平日究切書史名臣志向，事業到那時纔能不爲身家妻子利害死生所搖奪，若不曉底，李、郭、韓、富諸公，是何等學問，何等作用，如何施展得開，不曉底陳少陽、文文山、方正學、楊忠愍諸公是何等仁愛，何等義勇，如何攏合得上，識見不到，即血性不濟，再從何處併出這個忠來。凡茲清秀皆晉公後也，須知馮長樂、劉棉花輩唾罵之餘，更無立腳處。

意譯：人人認識這個「忠」字，但很少有人能完成這個忠字的，爲什麼？因爲忠不是臨時拿來就可辦到的事，全靠平時把史書中記載的名臣志向深切研究清楚，當你事業到達那種程度時，才能不爲身家妻子，利害生死關係所動搖而變更。假若不知道李光弼、郭子儀、韓琦、富弼各位先生是如何研究學問，怎樣處理事務，則在才氣上怎麼能夠施展得開呢！不了解陳少陽、文天祥、方孝孺、楊忠愍各位先生是多麼的仁愛，多麼的義勇，則在心情上怎麼能配合得上？一個人如果見識不夠，他便血性不濟，那要從什麼地方擠出這個忠字來。

現在大家都是晉國公裴度的後代，必須知道馮長樂、劉棉花那些人受人唾棄辱罵以外，更沒有立脚的地方了。

註釋：1.鮮：稀少。

2.李、郭、韓、富諸公：李：指李光弼，唐柳城人，爲人嚴毅，用兵謀定後戰，曾平安史之亂，與郭子儀齊名。郭：指郭子儀，唐華州（今陝西華縣）人，肅宗時平定安史之亂，治軍嚴明，深得人心，一身繫唐朝安危達廿年。韓：指韓琦，北宋安陽（今河南安陽）人，仁宗時與范仲淹共同主持對西夏的軍事，後與范仲淹、富弼共同執政，名重當時，著有安陽集。富：指富弼，北宋河南（今河南洛陽）人，仁宗時曾兩次出使契丹，至和二年（一〇五五）爲相，神宗時因反對王安石變法而罷相。

3.陳少陽：陳泉，宋丹陽人，字少陽，倜儻負氣，以貢入太學，嘗與陳朝老上書請誅蔡京、童貫、王黼、李彥、梁師成、朱勉六人，以謝天下，李綱罷，復率諸生伏宣德門上書請留綱，從者數萬，卒允其請，尋除太學錄，辭去。高宗南渡，綱去職，泉又上書乞留綱，而罷黃潛善、汪伯彥，卒爲二人所搆，斬於市。有少陽集。

4.文文山：文天祥，宋吉水人，字宋瑞，又字履善號文山，理宗時舉進士，知贛州，德祐初元兵入侵，天祥發郡中豪傑及溪峒山蠻，應詔勤王，拜右丞相，奉使入元軍議和，被執，至鎮江，夜遁，轉輾至溫州，益王立，召至福州，進左丞相，都督江西，爲元兵所敗，走循州，衛王立，封信國公，進屯潮陽，又爲元將張弘範所敗，被執，拘燕三年，終不屈，遂被殺，臨刑作正氣歌以見志，元世祖稱爲眞男子，著文山集，文山詩集。

5.方正學：方孝孺，明寧海人，字希直，一字希古從宋濂學，以明王道致太平爲己任，名其廬曰正學，學者稱正學先生，惠帝時，爲侍講學士，國家大政輒咨之，燕兵起，朝庭討伐詔檄，均出其手，燕師入南京，被執下獄，成祖即位，召使草詔，孝孺擲筆於地曰：「死即死耳，詔不可草，」遂磔於市并滅十族，有遜志齋稿、侯成集、希古堂稿，福王時追謚文正。

6.馮長樂：即馮道，五代景城人，字可道，性樸厚，能文章，歷事唐、晉、漢、周，官皆將相，自號長樂老，嘗著長樂老自敘，以述其經歷，履行有古人之風，宇量得大臣之體，所至爲人主所重，惟事四姓，相六帝，視喪君亡國不屑意，後世鄙之。

家訓二十八：君臣

報國以賦稅者草莽之臣也，自開闢以來，弱之肉強之食，非天子設官以治，設兵以衛，斯人無遺類矣，賦稅非徒奉上，實以自爲，安可廑官吏之催科，累糧里之杖比乎，故各項宜及時清完，以足國用，才是淳良百姓，肇俊公云。

意譯：用田賦財稅報效國家的是一般鄉野臣民。自從開天闢地以來，弱肉被強食。若不是政府設置官吏來治理，設置軍隊來保衛，那人類將無法生存。田賦財稅不只是供官吏所需，實在也是爲了自己。怎麼可以僅靠官吏催促科徵，連累里長以杖逼呢！所以各項稅賦應該按時繳清。以充足國用，如此才是純樸善良的老百姓，以上是肇俊公說的。

註釋：1.賦稅：田賦稅金，政府向人民所徵收的財賦。

2.草莽：鄉野、民間。

3.廑：廑之俗體，通僅，通勤。煩勞。

4.湻：淳之古體，淳良：樸實善良。

家訓二十九：君臣

凡完納銀米必須自己投櫃進倉，即倩人亦須平日有信義可託者，不者弊端百出，不止重完而已，又所完之票，雖十年二十年必須收好，屢經赦宥亦不可失落，嘗見有因此而破家者慎之戒之，此諸葛筠先生語也。

意譯：凡是繳納稅賦銀米，必須自己投入錢櫃及糧倉，如是請人代繳，也必須是平日有信義的人才可以託付他，不然會弊端百出，不止重納而已。又所繳完的收據，雖經十年廿年都必須收好，屢經特赦寬宥也不可失落。常見有人因此而弄得家產破敗的，謹愼戒之。這是諸葛筠先生的話。

註釋：倩人：請人代理做事。

家訓三十：君臣

戶役之法歷代行之，乃有當役而賄出者，有不當役而賄入者，出者遠害，入者規利，良民奉公守法，不宜有此，肇俊公云。

意譯：自古歷代均推行戶政兵役法律，於是就有應當服役而行賄免除的；也有不當服役而行賄強進的，免除的爲了遠離傷害；強進的貪圖利益，善良百姓奉公守法，不應有此行爲。肇俊公說的。

家訓三十一：父子

人之生也，禪形於父母罔極之恩，須以養口體而兼養志者報焉，父母有過又須用幾諫之法，昔賢「先意承志，諭父母於道」二語，乃事親之極則也，至於割股之孝，雖未可厚非，然與全生全歸之義有乖，未云盡善。

意譯：人生在世，承受父母無窮盡的恩惠，必須奉養飲食起居日常生活所需之外而且要遂父母的心意以爲報答，父母有什麼過失，又必須和顏悅色委婉的勸諫。以往的賢人講求「先意承志」，即在父母將要想做的事之前，孝子便預先知道父母的意思而爲父母做好；「承志」是繼承父母已有的志向而將其完成。「諭父母於道」，告知父母凡事應走正道兩句話，這才是事奉父母的最高原則。至於古傳割下自己大腿肉來奉養父母，雖然不可多加批評，說他不對，但與完整的身軀由父母生下，也應完整地歸還於父母的意思有所違背，不能說是最好的孝行。

註釋：1.禪形：承受形體。

2.罔極：沒有窮盡。

3.幾諫：和顏婉諫。

4.先意承志：先意：在父母有意要做之前，孝子便先爲父母做好。承志：繼承父母已有的志業。

5.諭父母於道：勸告父母凡事應走正道。

6.全生全歸：父母完整的生子女身軀，應完整的歸還父母。

家訓三十二：父子

昔人孝有三。今人不孝有三：父母在日一切不能承父母意一不孝也，及至死後不論父母做人好歹，卻信浮屠黃冠家哄騙誦經佛懺悔，渠父母果是歹人，豈這般容易免得孽障，若是箇好人，卻平白地揑造一段罪過於父母死後，即禽獸當不至此，且彼諸佛菩薩吾不知其有無，即曰有，其君子耶？小人耶？若君子必不妄加譴責以禍好人，必不因念誦拜跪而福歹人，若小人其身已死，其鬼不靈，又安能禍福我父母且禍福我耶，況天地神明正直昭察，又安肯令鬼小人憑胸臆作威福於冥冥中耶，渠卻引一班淫酗無狀，活現地獄變相之妖僧惡道入門，營齋薦福，縱婦女與之相見，其不孝二也，又惑堪輿家風水之說，遠營葬地不論高山、怪石、危溪、惡水、人跡不到之區，忍將父母骸骨埋置，父母有知，其出入起居欲歸省兒女亦大不便，渠意亦非不省，但更欲以死父母博生富貴耳，不論富貴不可必，即可必，亦何忍心至此耶，其不孝三也。夫父母在日不孝，罪已擢髮難數，及父母死可幸免子之不孝矣，孰意加以不孝者至再至三，更甚於父母在耶，昔吳雄家貧，喪母營人所不封土者以葬，三世爲廷尉，趙興修築犯妖禁、身爲司隸校尉，家人爵祿益豐，韓文公臨終遺命喪葬如禮，不得作佛事，拘忌陰陽吉凶，子昶孫綰及袞俱第進士，可知富貴在天，聖言不謬，故特懸之家訓，令族人知所法戒焉。

意譯：以往的人行孝有三件事，現在的人不孝有三件事：

一、父母在世時，一切不能順父母的意思。

二、當父母死後，不論父母做人好壞，卻相信佛徒黃老哄騙誦經念佛懺悔，事實上他的父母果眞是壞人，那裡就這樣容易免掉他的孽障。若是個好人，卻平白地揑造一段罪過加諸父母死後，就是禽獸也不應當這樣做，況且那些諸佛菩薩我不知道他有沒有，即是有，他是君子呢還是小人呢！若是君子一定不隨便譴責以加禍好人，也一定不會因為念佛誦經拜跪而降福給壞人。假若他是小人但已死，他的鬼魂不靈，又怎能加禍或降福於我父母或加禍降福於我呢！況天地神明正直明察，又怎肯讓魔鬼小人憑自己意思於冥冥中作威作福呢！他卻引來一班淫亂酗酒無狀，活現地獄變相的妖僧惡道進門，設齋飯供僧眾享用，祈求進福，甚至放縱婦女與其相見。

三、又迷惑於地理風水師的說法，把父母埋葬遠地，不管是高山、怪石、危溪、惡水，人跡不到的地區，忍心將父母骸骨埋在那邊，如父母有知覺，他們出入起居，想回來看看兒女也太不方便。他心裡並非不了解，只是想以死去的父母博取生存的富貴吧了，不要說富貴不一定可得到，即使是一定可以得到，亦何忍心這樣作呢！當父母在世時不行孝道，罪惡已像抓一把頭髮那麼多得難以數清。到父母死後本可幸運地免除兒子的不孝哪！誰料到更加不孝再三，更甚於父母在世之時。以往吳雄家裡貧窮，母親死後營造墳墓的人隨便把她埋葬，但他後世三代都做廷尉。趙興修築墳墓，犯妖魔，冒犯禁忌，卻身爲司隸校尉，他家裡的人官位俸祿更加豐厚。韓文公臨終時交代子孫，喪葬要依禮數，不可作佛事，不拘泥陰陽吉凶禁忌，他的兒子韓昶，孫子韓綰及袞都中進士，可知富貴在天，聖人說的不錯，所以特別列入家訓，讓族人知道有所遵循與警戒。

家訓三十三：父子

孟子曰養生者不足以當大事，惟送死可以當大事，蓋送死之事過此以往無從增補，人子不幸，當此甯求當禮而過於厚，勿謂無財而失之薄，其諸喪制，當從儀禮士喪禮諸篇核奪不能悉載也，肇俊公云。

意譯：孟子曰：能養活父母不算什麼了不起的大事，只有能爲父母安葬送死的才可以稱得上是大事。因爲送死這件事，過去以後再無法增加或補償。爲人子的不幸遇到此事，甯可求其合乎禮數而過於厚葬，而不因沒有錢而失於薄葬。事實上各項喪葬制度，應當依循儀禮士喪禮各篇酌情實施，不能全部記載。以上是肇俊公說的。

家訓三十四：父子

葬之爲言藏也，或祔於祖，無可祔或擇先人釣遊之地而卜葬焉，俱無不可，武進謝氏凡男子婦人無出者不祔，非薄道也，夫從葬之制不可雜，雜則紊矣，即以之求福蔭，彼福蔭所不及者夫亦可以免矣，至於信陰陽向背之說，欲以利己而害人，吾見人未必害，而己害立至，利終不可得，以設心之不善也，心善則福至矣，可不愼諸，肇俊公云。

意譯：葬就是埋藏的意思。有的附葬在祖墳內，無可附的就選擇先人垂釣遊玩的地方作爲墓地，沒有不可的。武進謝氏規定，凡男子婦人不生小孩的不得附葬於祖墳內，不是不厚道，因爲從葬的制度不可雜，雜就會亂。即使想藉此求福蔭，他的福蔭達不到，也可以免啦。至於信陰陽向背的說法，想藉此對自己有利而危害別人，我看到別人未必受害而自己的災害卻立即降臨，利益永遠不會得到。因他存心不善，心善幸福就會來臨，可以不謹愼嗎？以上是肇俊公的話。

家訓三十五：父子

父母既沒，人子舍祭祀一節更無事父母處矣，此處一不敬獲罪於先人非小，嘗見有祭其祖之殽而以祭其父母者，此大不敬，更有祭其父母之殽而以祭其祖者，此不敬之尤者也，即家貧，不能豐備，亦當潔誠，安可以餕餘而食其先人哉，且無論先人無自感格，子孫無自觀法，即祭者自反於心，其與不祭者相去幾何也，稍有人心，永以爲戒。

意譯：父母已經去世，爲人子女除祭祀一途外更無事奉父母的地方了。在這一方面一旦不恭敬，得罪於祖先非同小可。曾經看到有人拿祭過他祖先的祭品再用來祭祀他父母的，這是最不恭敬的事。更有人拿祭他父母的菜餚來祭他祖先的，這是更加不敬的行爲，就算是家裡貧窮，不能準備豐富的祭品，也應當潔淨誠心，怎麼可以用吃剩餘的食物來供養祖先呢？暫且不論先人無法親自感觸糾正，子孫無從觀摩效法，但祭祀者宜反身自省，自己與那不祭祀的人相差多少呢！稍微具有孝心的人，永遠引以爲戒。

註釋：1.殽(ㄧㄠˊ)：菜肴，通肴。引申爲祭品。

2.餕(ㄐㄩㄣˋ)餘：吃剩的食物，此處指祭祀過的祭品。

3.食(ㄙˋ)：拿東西給人吃。

4.感格：感通，受感應而降臨。

家訓三十六：父子

齊家之道，如父慈子孝、兄友弟恭、夫和妻柔，件件緊要，而要以義方爲首，蓋吾子之賢不肖，吾家之隆替因之，吾教之善不善，吾子之賢不肖，因之，此之不可不省也。子生至五六歲即不可與兒戲，如自己問安，視膳，俱率觀之，凡行立坐臥、飲食言語，須教之使知規矩，及入學，即當察其所識之字，所讀之書，字眼必令無訛，句讀必令成誦，十歲以外動止必繩以禮法，稍涉是非口舌，非但弗聽，必痛責之，倘於幼小時即導之好小利，犯大人，及長，又姑息苟容，何以不墮我門戶而無忝於世家子弟也哉，肇俊公云。

意譯：要使家庭和樂美滿的方法：像父母慈愛、子女孝順、兄長友愛、弟弟恭敬、丈夫和氣、妻子柔順，件件都很重要，而最重要是要將做人的正道放在第一位，因爲我家兒子好壞、我家道興隆或衰敗都與此息息相關，我教導的方法好不好與我兒子的好壞相關，這是不可不省察的。小孩子自出生至五、六歲，便不可跟他開玩笑。像自己向父母問安、服侍父母吃飯，都要帶子女觀看。凡是日常生活中行走、站立、坐相、臥姿、吃飯、講話都必須教導子女，使他知道規矩。到他入學的時候，便應當察看他所識的字、所讀的書，每個字的讀音用法一定教他不要弄錯。斷句一定要他讀來正確順暢。十歲以上，一切行動舉止必須合乎禮法。稍有涉及是非口舌，不但不聽，並且一定要痛加斥責，假若在他幼小的時候，就教導他貪圖小利、冒犯大人及長者，又毫無原則的放縱寬容，怎麼能不墮落我家門戶而不羞愧爲世家子弟呢，以上是肇俊公的話。

家訓三十七：父子

三姑六婆不許入門，女子不登山入廟，燒香念佛，觀優看會，家僮十二歲以外不許入內，侍婢十二歲以外不許出外，先正家規無不若此，第平日必須先與他講明一箇大道理，使他曉得淫字戒毫不可犯。又凡紡績針黹俱賞其增加，責其偷惰，蓋不逸則不淫，凡女子七八歲，新婦纔入門，便須以此防閑教訓他，不然閨閫不嚴則無所檢束，以致風俗敗壞，不可救止，有言之污人齒頰者矣。諸葛氏家訓曰，小兒學語時先告他說一句話云，罵爺娘陣頭，雷也要打，新婦進門第一日丈夫亦與他談一席話云，古來婦女某也孝，某也節，如何旌獎，如何榮耀，某也淫，某也妒，如何被殺，如何羞辱，此言雖俚，思之不啻金石，今世愚童蠢婦甘心爲忤逆邪僻之行而不知愧且畏者，只緣不知有此一段說話耳。

意譯：喜愛搬弄是非的婦女不許進入家門，女子不可登山進入寺廟燒香念佛，看演戲、看廟會。家中童僕十二歲以上不許進入內室，侍女佣人十二歲以上不許出外，首先整飭家規沒有不這樣做的。只是平日必須先與他講明一個大道理，使他曉得「淫字戒」毫不可犯。另外凡是紡紗織布，縫紉刺繡，努力勤作者都給獎賞，偷惰的則加以責罰。因爲不好逸惡勞就不會淫亂。凡是女孩子長到七、八歲或新媳婦剛進門，就必須用這些話教訓他來防範淫亂，禁止偷懶。要不然，對女孩子不嚴加管教，將來就無法約束了。以至於風俗敗壞，不可救止。有人講話會讓人臉紅，諸葛氏家訓說：小孩子學說話時，先告訴他說：有一句話說：「罵爺娘的口頭禪，雷也要打。」新媳婦進門第一天，丈夫也要給他講一段話：古時候的婦女那一位很孝順，那一位很貞節，受到怎麼樣的表揚與獎勵，多麼樣的榮耀；那一位很淫蕩，那一位好嫉妒，怎樣被殺，怎樣受到羞辱；這些話雖然通俗。想來何嘗不是鼓勵堅貞的金玉良言。如今一般愚蠢的小孩和婦女甘心做些忤逆不孝邪惡不正的行爲而且不知道羞愧與害怕，只因爲他不知道這一段話中的啓示罷了。

註釋：1.三姑六婆：舊時稱道姑、尼姑、卦姑（占卜者）爲三姑，牙婆（人口販子）、媒婆、師婆（女巫）、虔婆（女賊）、樂婆（女樂工）、穩婆（接生婆）爲六婆，泛指職業不高尚的婦女或喜愛撥弄是非的婦女。

2.淫字戒：淫指男女之間不正當行爲，戒：防備、警告，即勸戒人不可淫亂。

3.防閑：防範禁止。

4.閨闈：婦女所居的內室，指女子。

5.齒頰：指面子、臉面。

6.不啻：何止，猶言多也，不止。

家訓三十八：父子

婚姻必於十歲以上及時締結，此時女貌男才微露圭角，擇其善者以託終身可也，若蹉跎至二十左右高下不成，或至男娶再醮女作填房，甚者意外之事更往往而有，語云「不可不擇又不可過擇」，正此之謂也，至其儀節惟以儉爲主，只莫流於鄙吝可耳。

意譯： 婚姻必須在十歲以上適時締結，此時女子容貌，男孩才氣，略微顯露鋒芒，可以選擇善良的對象以付託終身。假若延誤虛度光陰到二十歲左右，高不成低不就，或者男子娶再嫁婦女作繼室，甚至往往有很多想不到的情況發生。俗語說：「婚姻大事不可不選擇，但又不可過於選擇」，正是這個意思。至於結婚儀式禮節，只以儉樸爲主，但是不要流於鄙陋貪吝過於小氣就好。

註釋： 1. 蹉(ㄘㄨㄛ)跎(ㄊㄨㄛˊ)：失足跌倒，失意挫折，虛度光陰。

2.再醮：（ㄐㄧㄠˋ）再嫁婦女。

家訓三十九：父子

爲兒謀婦必相其家世，有忠厚清白之風及其父母之大雅而端方者，其女得父母正氣而生，且又有家教必貞淑醇謹，他日必爲賢婦，必生賢子女。嘗見宦族三母各生一子，元配舊家則子爲青衿，婢出者，儼然一奴，青樓出者儼然一小幫閒。語云「一代好媳婦，三代好兒孫」，此言是也，至於嫁女但當擇婿，若攀結富豪及貴顯家婿或輕佻不韻，甚者陵虐其女，雖悔何及，語云「娶婦必須不若吾家，嫁女必須勝吾家」此言專論貧富，不論賢否，未盡是也，婦者家所由以盛衰，婿者女所倚以終身，願族中人留意焉。

意譯：打算爲兒子娶媳婦必須看她的家族世代相傳的事業或門第，有忠厚清白的家風和她父母有大方文雅而且端莊的氣度，女兒受到父母正氣的培養，而且又有良好的家教，她的行爲必定堅貞賢淑，醇厚謹愼。將來必定是一位賢慧媳婦，必定生賢良子女。曾經看到官宦家族有三位母親各生一個兒子，元配夫人爲舊式傳統婦女，她的兒子長大成爲書生。二房原爲婢女，生的小孩看來像一個奴僕，三房原爲妓女，生的小孩看來像個小混混。俗語說：「一代好媳婦，三代好兒孫」。這話一點不錯。至於嫁女只當選擇女婿。假若只想攀結富豪及貴顯人家，女婿或許言行隨便而不莊重優雅，甚至欺凌虐待他的女兒，雖然後悔已來不及了。俗語說：「娶媳婦必須不如我家；嫁女必須勝過我家」，這話專就貧富來說，不管他賢良與否，未必完全正確。媳婦是一個家庭之所以盛衰的根源，而女婿是女兒終身倚靠的良人，希望族人要多加留意。

註釋：1.家世：家族世代相傳的事業或門第。

2.貞淑醇謹：堅貞賢淑，醇厚謹愼。

3.青衿：書生、讀書人。

4.儼然：好像。

5.輕佻不韻：輕佻：言行隨便而不莊重。韻：韻味氣質，風度。不韻：沒有氣質。

家訓四十：父子

生子必須讀書，成名縱不可必得，亦必使識字通理，然後務農，切不可使為商賈，蓋躬耕乃民生之本業，賦稅所由供，衣食所由出也，若捨本逐末，始緣於見利之速且易，一或決撤利折而本亦亡，回視守祖宗一塊土者，有飽煖之樂，無奔逐之苦，不欠官糧，不欠私債，雖悔何及哉，凡我族之居於鄉者，不讀即耕，勿輕擲本業可也，肇俊公云。

意譯：生孩子必須讓他讀書，縱然不一定可以成名，也必須使他識字通理，然後從事農業，切不可讓他作生意爲商人。因爲親自耕田才是民生的本業，賦稅是由農人提供；衣服糧食是由農人生產。假如捨棄根本，追逐末稍。開始由於看到獲利既快又容易。決心一試，結果不但沒有得到利益而本錢也沒有了，回頭看看，守住祖宗一塊土地的，有享受飽煖的樂趣而沒有奔波逐流的痛苦。不欠官糧，不欠私債，作生意的雖然後悔又怎麼來得及呢？凡是我族人居住在鄉村的，不是讀書就是耕田，不可輕易丟掉本來行業。以上是肇俊公講的。

家訓四十一：父子

教子讀書之訣有二，一曰打牆腳，二曰買鹽魚，石敬岩與劉德長較槍法，須臾三撥其根，劉曰公技非不善但址不固耳，任福墮西夏伏兵之中，下馬格鬥，以求取勝，又何能久乎，今父師之教子弟欲其速成，而走捷徑，猶牆之無腳也，趨逐時文刻期變換，猶百味當暑立潰，而不能久也，故小兒讀書先大學，次論語，次孟子，次中庸，（此沈蓉江看書法）。句訓字解無一處糊塗，然後再將諸書一一讀過，一一講明，然後再將左穀以下諸古文及前明本朝，諸大家程房考卷，由淺及深，由小及大，一一精擇，一一摹倣，此崇臺之基址，夏日之鹽魚也，昔新城王氏教子弟衣褲皆著紅色，怪異不堪出戶，遇考試始出雲閒，徐氏教子弟四書畢，不令作文，令讀六經，子史古文詞精熟，胸中淵博，舉目無凝滯，乃爲之，允可爲法。

意譯：教導子女讀書的祕訣有兩個：一是打牆腳，就是要將基礎打好。二是買鹽魚，就是要能吃得苦中苦。石敬岩與劉德長較量槍法。片刻之間三次撥開對方槍杆。劉說：石先生並不是你的技法不好，只是基礎不穩固罷了。任福將軍落入西夏伏兵陣中，下馬與敵搏鬥，想求得勝，又怎麼能夠持久呢？現代父母，老師教導子弟，想要他們很快成功而走捷徑。就好比築牆沒有打好牆腳，趕時髦流行文體，隨時變換，猶如美味菜肴在夏天很快就會腐爛，而不能久放，所以小孩讀書先讀大學，再讀論語，再讀孟子，再讀中庸（這是沈蓉江的看書方法），一句一句解釋，一字一字說明，沒有一處不清楚，然後再將這些書一本一本讀過，一本一本講明白。然後再將左傳，穀梁傳以下各古文以及前朝（明朝）本朝（清朝）各大家的書房考卷，由淺到深，由小到大，一本一本精心選擇，一樣一樣仔細摹倣，這就是高臺的基礎，夏天的鹽魚。往日新城姓王的令小孩衣服褲子都穿紅色，平常使他打扮怪異，無法出門，遇到考試時才讓他出去。姓徐的教小孩讀完四書，不讓他寫作文，要他們讀六經，子書、史書、古文詞精熟後，胸中淵博，隨便看什麼書都沒有困難，才開始寫文章，實在可以效法。

註釋：1.打牆腳：鞏固基礎。

2.買鹽魚：防止腐爛。

3.棖：ㄔㄥˊ，豎立於大門兩旁的長木柱。此處指槍杆。

家訓四十二：父子

今世之教子者，欲求速效，早取時文讀之，二三年腔調變易，前所讀者無用，又取新樣者讀之，又變易，則又取新樣者讀之，諺所謂趕不上者也，且四書未完，即抄破承起講與四書並讀，一年作破承。一年作起講，一年對股比及開篇，三六九不間斷，小兒心竅未開，見聞淺陋，強逼成篇，一年之間費去有限光陰三分之一，耽閣歲時，虛誤筆墨，及二十以外，有室家之累，外務分心，將終身廢棄矣，昔賢有言，人能知得愧恥，學問便有幾分，其父師蠅營狗苟毫無羞恥，即毫無學問，然則其子弟又安從有學問哉。

意譯：現在世上教導子女的，想求快速有效，很早便拿現代文章讓小孩研讀，二、三年後腔調就改變了，以前所讀的便沒有用，又拿新樣本讓子女讀，腔調又改變了，就又拿新樣本讓子女讀。這就像諺語所說的「永遠趕不上的」。況且四書未讀完就抄破題、承接、起講，與四書一齊讀，一年作破題承接，一年作起講，一年學對比及開篇，三六九日不間斷，小孩心竅未開，見識聽聞都還淺陋，強迫他寫文章，一年之內費去有限光陰三分之一。耽擱時間，平白誤弄筆墨，到他二十歲結婚以後，便有室家的牽累，外務分心，將終身廢棄了。以前賢人曾說，人若能知道慚愧羞恥，學問便有幾分長進，若他的父親老師只作無恥鑽營，沒有一點羞恥心，便毫無學問，那麼他的子弟又怎麼能從那裡得到學問呢？

註釋：1.破承、起講：爲明清時八股文中的名詞，即破題、承題、起講。八股分爲：破題、承題、起講、提比、虛比、中比、後比、大結八部分。

2.蠅營狗苟：像蒼蠅一般逐食腐物，像狗一樣苟且覓食，比喻人作無恥的鑽營。

家訓四十三：父子

小兒文理未通，切不可令作文，小兒文理乍通，遇文理未通之人，切不可將文字與他看，蓋文理未通之人，一味混贊，兒輩不知好歹，便志驕意滿，永無長進之日矣。若遇文理精通之人，切不可文字不與他看，蓋溪沼清奇，尚有江湖浩渺，使得名公指點，獎拔，便眼界空闊，手腕超異，竿頭更進矣，此不可不知也。

意譯：小孩子尚未理解寫文章的道理時，千萬不可讓他寫作文，當小孩忽然了解寫文章的道理時，遇到文理不通的人，切不可將文章拿給他看，因爲文理未通的人，一直在胡亂鬼混，小孩們不懂好壞，便志高意滿，永遠沒有長進的一天。假若遇到文理精通的人，卻不可不把文章拿給他看。因爲有如清溪奇沼流暢的文筆，還有如江湖浩渺的才華，假若能得到名人指點、獎勵、提拔，便會眼界開闊，手法超群，百尺竿頭更進一步了，這是不可不知道的。

家訓四十三：父子

松卜林西珍先生訓子曰，詩賦文字之外無他技能，豈不貽譏博雅，必也書法、丹青、投壺、音律，卜筮、風鑑，及天文地輿之類無不通曉，方爲全才，設或遠出資斧乏絕，也可自結君平之買卜，孺子之磨鏡，豈非千古佳話哉。

意譯：住在松下算命的林西珍先生教訓他的兒子說：在學會作詩作賦，寫文章以外，若無其他技能，豈不貽笑大方，被博學雅士所譏笑，一定也要會書法、繪畫、投壺遊戲、音樂、占卜，對人物識見及天文地輿等等，無不通曉，才是全才，假若出遠門缺乏路費，也可自己結交嚴君平爲人占卜賺錢，效孺子爲人磨鏡，也可傳爲千古佳話哩！

註釋：1.古時主客燕飲相娛樂，每有投壺之事。其制設壺一，使賓主依次投矢其中，勝者則酌酒讓負的喝。又禮記有投壺篇，注「投壺者，主人與客燕飲講論才藝之禮也」。

2.卜筮：占卜之通稱。卜用龜甲，筮用蓍草，皆占卜好壞。

3.風鑑：對於人物之識見，又稱相人之術曰風鑑。

4.資斧：行旅之貲費爲資斧，即旅費。

5.君平：即嚴君平。漢蜀人，名遵，以字行，卜筮成都市，每依蓍龜以忠孝信義教人，日得百錢，即閉肆而讀老子，楊雄著書稱其不作苟見，不治苟得，久幽而不改其操，雖隋和無以加之，卒年九十餘，著有老子指歸。（隋和：謂隋侯之珠與卞和之璧。即寶器）

家訓四十五：父子

橫塘諸葛程先生訓子曰，林和靖有言，世間事皆能之，惟不能著棋與擔糞耳，汝等弗勤苦攻書，則墮詩禮家風，不學書算倚闤闠即將挑糞與傭奴伍矣，身在塵濁中視彼入泮、登賢書、遨遊上苑者何如，盍早黽勉占一清高地位。

意譯：橫塘諸葛程先生教訓兒子說：林和靖曾說，世間事都能作，只有著棋與擔糞不能作，你們不勤勞用功讀書，將會使詩禮家風墮落，不學習書法算數，倚靠在市場門邊，將來只有挑糞與傭人奴婢為伍啦。自身處在下層社會中，看別人入學為生員，登上賢人名錄，遨遊在上苑裡，你當作何感受呢？何不及早勉勵自己努力用功，也可占一清高地位。

註釋：1.闤闠：闤市巷也，闠市外內門，即市肆、市場。

2.入泮：古學宮之內有泮水，故稱學宮為泮宮。童子入學為生員者，謂之入泮。

家訓四十六：父子

武邑蔣鴻漸師戒子曰，自己得意而恥笑失意之人，自己富貴而談薄貧賤之輩，非特自待不厚，怨之階也。又曰，人各有本分，心艷於本分之外，則本分之外不可得，本分亦不可得。小人行險以僥幸，吾不知其所終矣。

意譯：河北武邑縣蔣鴻漸老師訓戒兒子說：自己得意而恥笑失意的人；自己富貴而談論輕視貧賤的人，不只是自己待人不夠厚道，也是招致怨恨的原由。又說：人各有本分，一心羨慕本分以外的，結果本分以外的得不到，本分以內的也得不到，一般小人冒險以求僥倖，我不知道他最後會得到什麼結果。

家訓四十七：父子

外舅馬士榮先生謂章曰：節儉二字誠治家之寶也，但自奉則可，若孝養父母，賑恤貧苦，則不在此例。又曰爲人子者第一不可倒伐祖墳蔭樹，吞吃宗祠公銀，爾看吾族中某某儘將墳松賣去，墓碑泐陷半就平毀，他也不料理，又將祠堂所餘錢米食用了，連年風雨雀鼠屋瓦牆壁俱壞，無力修整，他也不料理，然至今貧且無後更有何好處在。

意譯：外舅馬士榮先生給章說：節儉二字實在是治家的法寶，但是對自己節儉是可以的，若孝養父母或賑濟貧苦，就不在此例。又說：爲人子的第一不可砍伐祖墳樹木，吞吃宗祠公銀，你看本族中某某全將墳上松樹砍伐賣掉，墓碑裂陷，一半看得清一半已毀壞，他也不處理。又將祠堂所餘錢米食用了。連年風吹雨打，麻雀老鼠把屋瓦牆壁都弄壞了，無力修整，他也不料理，然而到現在既貧窮又沒有後代，還有什麼好處呢？

家訓四十八：父子

先君子謂章曰，人生於世須要經過苦楚，受過磨折，方肯替祖宗留樸素之風，替天地節不盡之福，方得一生受用不盡。又曰，家事須有料理，某處所入抵某處用度，某處便可餘存，做某正經事，如此一事甚大甚要緊，我不爲再無人爲，及今不爲再無日爲矣。凡事豫則立，定不可少此主見。又曰，吾等與人做事定要拚得吃虧，親戚來往禮數要厚。又曰財這一件最惹風波，當初世上有風始波，如今直無風三尺浪矣。就不能見利思義，也當見利思害，常言道有利必有害，的確不錯。又曰，愚莫愚於賭博之人，害莫害於賭博之事，不論勝負晝夜都不肯捨，到底勝者亦未做起家當，其輸而窘極者，賣田賣屋，賣妻子，爲丐爲盜，死於非命，往往而有，其害如此，其愚若何，爾家產都是爾祖父心血勞苦換來，萬勿效此愚人，走此死路，又曰，煙柳中人，倚門賣俏，妖態攢心，眼光落面最易鉤人魂魄，但一迷戀其中，污父母，拋妻子，敗功名，枯耗精神，福澤，不可不猛省。至於室女寡婦名節所關，生死繫焉，明有刑罰，幽有鬼神，自作孽不可活，尤不可不猛省。凡少年遇艷歌巧笑，溫存軟欵之場，等之酖毒虎狼可也，章按此皆藥石之言，敬錄之，以諗來者。

意譯：先父對章說：人生在世上須要經過苦楚，受過折磨，才肯替祖宗留下樸素家風，替天地節省下用不盡的福分。才能夠一生受用不盡。又說：家事須有料理，某處收入抵某處用度，某處便可餘存。做那些正經事，如此一件很重大很要緊的事，我不作再沒有人作；今天不做，再沒有時間做了。任何事都要事先有計劃有準備才能成功，一定不可缺少這種原則。又說：我們與人共事，定要捨得吃虧，與親戚來往禮數要厚。又說：錢財這一件事最容易引起風波。當初世上有風才有波，如今就是無風也會起三尺浪呀！就是不能見利思義，也應當見利思害。常言道有利必有害，的確不錯。又說：再笨也笨不過賭博的人，再大的災害也比不過賭博的事，不論贏或輸，晝夜都不肯停止。最後贏的也未看他買什麽家當，輸的逼到最後賣田地、賣房屋、賣妻子，成爲乞丐，變爲盜賊，死於非命。這是常見的事，害處這麽大，你看有多麽愚笨呀！你的家產都是你祖父用心血勞苦換來的，千萬不可效法這些笨蛋！走這條死路。又說：煙花柳巷中的人，倚門賣俏，妖艷儀態，誘惑你的心，描眼修面，最易鉤人魂魄，一旦迷戀上她，將有辱父母，拋棄妻子，敗壞功名，枯耗精神與福澤。不可不猛省。至於有家室的婦女或寡婦，有關別人的名譽與節操，甚至與性命相關，政府明定有刑罰，暗處也有鬼神監視，自作孽不可活，尤其不可以不猛省，凡是少年遇到艷歌巧笑的人，進入溫存軟欸的場合。把它當作毒藥虎狼一樣看待，千萬不可接近，章認爲這些都是苦口良藥，金石玉言，恭敬的錄下，以諫告後代。

家訓四十九：夫婦

夫婦人倫之首，夫爲妻綱，故齊家首重刑于之化焉，一切敬舅姑和娣姒、恤臧獲、勤絲枲、潔中饋、治內之所當盡者，俱宜時時敦勉，勿使有闕，而吾身卻先率之，以勤將之，以敬使之，有以潛移默化於不知不覺之中，庶不至復有失德而效晨雞以盜夫之柄權、弄長舌以戕夫之骨肉矣。易曰，夫夫婦婦而家道正，其盍勗之，肇俊公云。

意譯：夫婦是人倫中最重要的一項，丈夫是妻子的主宰，所以齊家首先注重夫唱婦隨，一切孝敬公婆、和睦妯娌，照顧奴婢，勤織絲麻，清潔家中饋食供祭。治理家中所應當做的，都應時時勤勉，不要使有缺失，而且本身要率先去作，很勤快的去作，很恭敬的去作，在不知不覺中潛移默化，這樣才不至有失婦德而效牝雞司晨進而奪取丈夫權柄，撥弄長舌來殘害夫家骨肉情形。易經上說：作丈夫的要盡到作丈夫的責任，作妻子的要盡到妻子的責任。如此家道便正常了，希望勉勵去作。這是肇俊公的話。

註釋：1.刑于之化：詩大雅思齊「刑于寡妻，至于兄弟，以御于家邦」。傳「刑，法也」，箋「御，治也，文王以禮法接待其妻，至于宗族，以此又能爲政治于家邦也」。後人本此，譽人夫婦唱隨曰刑于之化。

2.舅姑：妻稱夫之父曰舅，夫之母曰姑。即公婆。

3.娣姒：娣姒即今之妯娌。

4.臧獲：奴婢也。

5.枲：ㄒㄧˇ，麻的總稱。

6.中饋：ㄎㄨㄟˋ，易家人：「无攸遂，在中饋、貞吉」，疏「婦人之道，巽順爲常，无所必遂，其所職主在於家中饋食供祭而已」，俗稱婦職爲主持中饋或未娶曰中饋猶虛。

家訓五十：夫婦

人自有室後，惟內人最親而易溺枕邊言，出自暱好之餘，鮮不過聽，況以婉曲柔媚逹之，雖烈丈夫亦無以自主矣。每見有父子之不和，兄弟之不翕，親戚之不歡，鄰里之不洽，漸至家之索而身之敗者，根究其由，多起於婦人女子一言半語積釁致然，若能謹之於始，如星星之火，一杯沃之，焉有燎原之禍哉，昔明太祖時有十三世同居，多至三千餘人者，太祖問何道治之，曰「只不聽婦人言耳」，婦人罕有德之言，不聽最是上著，肇俊公云。

意譯：人自結婚以後，只有妻子最親密，因此容易沉溺枕邊言，由於親近所好，很少人不過度聽從，況且她以委曲婉轉且柔順美好的態度來表達，如此雖然是剛正的丈夫也無法自主了。常常看到有父子之間不和諧，兄弟之間不安定，親戚之間不愉快，鄰里之間不融洽，慢慢弄到家庭離散而身敗名裂，追根究底，大多由於爲夫完全聽信婦人女子一言半語累積嫌隙所造成的。若能在一開始就謹愼防止，猶如星星之火，用一杯水便可澆滅。那裡會有燎原的禍患呢！以前明太祖時，有一家人十三代同住在一起，人口多至三千人。太祖問道怎樣能使全家人相安無事，和睦相處？回答說：「只是不聽婦人讒言而已」，婦人很少有好話，不聽是最上策，以上是肇俊公的話。

註釋：1.有室：曲禮「三十曰壯，有室」，注「有室，有妻也」。已婚。

2.內人：妻妾也，今專稱妻爲內人。

3.枕邊言：妻子的話。

4.過聽：不應當聽而聽，過分聽從。

5.翕：ㄒㄧˋ和順、安定。

6.索：離散。

7.釁：ㄒㄣˋ縫隙、嫌隙。

8.沃：ㄨㄛˋ澆、灌。

家訓五十一：夫婦

禍福俗諦識者鄙不談，愚夫婦不知也，今姑舉一端辨之，空空元元兩家其煽惑之說，予不能盡詳，而有所謂血盆會者，謂陰司有血盆地獄，婦人生育兒女，血污天地，死則淹浸其中，藍面鬼持刀槍監禁格殺之，非誦經懺超度使功德圓滿不得免，婦女信且畏，遂出金帛錢米若干，超度其母姑，并自爲超度，甚至有羈宿寺觀中，信宿不返者，其夫略不究問，且隨往吃齋頂禮焉。予今謂無閻王，無地獄，彼必不信，第即以爲有，彼閻王亦有母妻乎，主持血盆之藍面鬼亦有母妻乎，其母妻生育亦有血污乎，其母妻亦復死乎，人死方曰鬼，若無母與妻，則亦無鬼王鬼使矣，若有母妻，將舍其母妻而罪他人之母妻，有是理乎？將并罪其母妻，鬼王之母妻赤體蒙戮辱於鬼使之手，鬼使之母妻亦赤體蒙戮辱於其子其夫之手，又有是理乎？陰陽一理也，可以知其必無是理矣。無是理，則無是事矣。姑舉一端而其他一切揑造諸佛菩薩以哄騙嚇詐，夫遇蠢之人者，諸不待辨而明矣。人孰無婦，人孰不愛其婦，其以予所言者愛之，毋以淫僧妖道士之愛其婦者愛之也，又凡道經釋部輪回替代，清淨寂滅，諸說概荒謬不足信，若世俗所看封神傳，西遊記等書，又某氏寓言耳，乃木雕泥塑莫不倣效而崇奉之，則人人之孽皆其孽矣，因論彼說之不可信，并書之以告天下萬世之爲稗史者。

意譯：禍福屬於世俗的道理，有知識的人認爲不值一談，愚蠢的夫婦不知道這個道理。現在暫且舉一個例子來說明：空空、元元兩家被煽惑的傳說，我不能完全詳細說明，但是其中有所謂「血盆會」的，據說陰間有血盆地獄，婦女生育兒女時，血液污染天地，她死後就會淹浸在其中，藍面鬼拿著刀槍把她監禁起來，然後把她殺死。若不念經懺超度，使功德圓滿就不能免除。婦女相信並且害怕，就拿出一些金帛錢米，超度她母親、姑姑，並爲自己超度。甚至有晚上留住在寺廟中，兩夜都不回家，她的丈夫也不追究，並且一齊跟著去吃齋，行五體投地的敬禮。我現在說沒有閻王，沒有地獄，她一定不相信，就算以爲有，那閻王也有母親、妻子呀！主持血盆的藍面鬼也有母親妻子啊！他的母親妻子生育時也有血液污染呀！他的母親妻子也都死了吧！人死才叫做鬼，假若沒有母親與妻子，那就也沒有鬼王鬼使啦。若有母親與妻子，想要捨棄他的母親妻子，卻怪罪他人的母親妻子，有這種道理嗎？想要一并怪罪他的母親妻子，鬼王的母親妻子也赤裸身體遭受鬼使的殺戮與羞辱，鬼使的母親妻子也赤裸身體遭受他兒子、丈夫的殺戮與侮辱，又有這種道理嗎？陰間和陽世是一樣道理呀，可以知道一定沒有這種道理。沒有這個道理，就沒有這種事實啦。暫且舉這一個例子而其他一切捏造諸佛菩薩，來哄騙嚇詐，就是遇到愚蠢的人，不需辯解也會明白了。那一家人沒有婦女，那一家人不愛他家的婦女，希望以我所講的愛她們，不要用淫僧妖道士愛他家婦女的方式愛她們，又凡是道家佛家輪迴替代，清淨寂滅各種說法都是荒謬不足信。世俗所看的封神傳、西遊記等書，不過是某人的寓言故事罷了，於是木雕、泥塑其中人物，大家都倣效而崇拜祀奉，那麼人人的罪孽，都是他的罪孽啦，因此講那些說法不可相信，並寫下來告訴天下萬代所有寫遺聞瑣事的人。

註釋：1.俗諦：世俗的道理。

2.空空：誠愨也，愨ㄑㄩㄝˋ誠實的人。

3.元元：庶民，一般老百姓。
4.將：想要。
5.稗史：專記遺聞瑣事的書。

家訓五十二：兄弟

孝之一字人猶粗知，弟之一字人都忽略，顧吾父母生我，有先我而生者焉，有後我而生者焉，是兄弟也，弟弗恭厥兄，兄不友于弟，胡可訓也。且五服內外凡與吾同行者，皆吾兄弟也，雖有親疏之不同，吾亦當推吾友恭之誼，而手足視之。更有與吾父同行與吾祖同行者，皆吾父吾祖之兄弟也，自吾父吾祖推而上之，凡吾父吾祖之兄弟其始皆一人之身，父之子也，吾更當廣吾友恭之誼，而以曲禮少儀之節次將之夫，然而凡吾兄弟與吾子若孫之同行兄弟，亦必以吾之敬兄弟而敬同祖同父之兄弟者敬我矣。

意譯：孝這個字一般人還略知一二，弟這個字一般人都忽略了。但我的父母生我，有比我早生的，有比我晚生的，這些都是我的兄弟。作弟弟的不尊敬他的兄長，作兄長的不友愛他的弟弟，怎麼可以做爲典範呢？並且在五服內外，凡與我同輩的都是我的兄弟，雖有親疏的不同，我也應當擴大我兄友弟恭的情誼，以手足一樣的看待，更有與我父親同輩，與我祖父同輩的，都是我父親我祖父的兄弟呀，再從我父親我祖父向上推，凡是我父親我祖父的兄弟，他們的始祖都是同一個人，都是一個父親的兒子。我更應當推廣我兄友弟恭的情誼，用禮記中曲禮少儀所規定的禮節相對待，然而凡是我兄弟與我兒子孫子的同輩兄弟，也必須用我尊敬兄弟的態度而尊敬同祖同父的兄弟來尊敬我。

註釋：1.五服：古時喪制，以斬衰、齊衰、大功、小功、緦麻爲五服。以親疏爲差等。

2.曲禮：禮記篇名，記吉、凶、賓、軍、嘉五禮之事。
3.少儀：禮記篇名，記相見及薦羞之小威儀。薦羞：進供食物。

家訓五十三：朋友

韓詩云，有底忙時不肯來，杜詩云，九重泉路盡交期，古人之於朋友何其親厚婉篤，生死不忘也，諺乃云，朋友莫交財，顯與朱子朋友有通財之義相反，夫些須財物尚且不可相通又何以輔仁成德，而占麗澤詠他山乎，吾不知其所謂朋友者爲何等人，夫子論政敘朋友於五倫中，當不如此，或曰江河日下，世上君子甚少，窺破底裏，便索然無味，淡淡往來，勿太醲厚，亦全交之一道。又曰爲奴，爲蔡、爲偷兒三等人斷斷不可友，當如避蛇蝎然，稍一近之，則人品立壞，聲名盡喪，此皆衰世之言，顧亦不可不曉。

意譯：韓詩云「有甚麼忙時不肯來」。杜詩云「九重泉路盡交期」是說朋友到九泉之下交期才盡。可見古人對於朋友是多麼親厚、美好篤實，生死都不會忘。俗話說：不要交太有錢的朋友，與朱熹所說的朋友有通財之義相反。連一些財物都不可相通，那又怎麼能輔助你完成仁德，進而相聚講習，規過勸善呢，我不知道他所講的朋友是什麼樣的人。孔夫子論語爲政篇將朋友列於五倫之中，應當不是這樣吧！有人說：江河日下，世上君子很少，看破他的底細便一點趣味都沒有了，與朋友淡淡交往，不要太過濃厚，也是成全交情的一種方法。又說：做奴才的、做強盜的、做小偷的這三種人絕對不可交，應當像避蛇蠍一樣遠離他，稍一親近他，你的人品馬上會敗壞，聲名全毀，這都是衰亂時代的話，但也不可不知道。

註釋：1.韓詩：漢時燕韓嬰所傳之詩經，稱韓詩。

2.麗澤：易兌「麗澤兌，君子以朋友講習」，注「麗猶連也」疏：「兩澤相連，潤說之盛，故曰麗澤兌也，朋友聚居，講習道義，相說之盛莫過於此，故君子象之，以朋友講習也」。

3.他山：詩小雅鶴鳴：「它山之石，可以爲錯」，又「它山之石，可以攻玉」，它同他。喻朋友之能規己過者。

4.衰世：衰亂的時代。

家訓五十四：宗族

宗族雖有遠近親疏之不同，原其始固吾祖一人之身也，知其出於一人則遠近親疏之見可泯矣。君子敬宗收族不以強陵弱；不以眾暴寡；不以富欺貧；不以貴藐賤。恤其寒饑，救其忿爭，患難疾苦常體吾祖愛子孫之心，以愛吾宗族之人。則我愛人而人亦復愛我，彼我情誼浹洽若血氣之流貫於一身而無所乖戾，豈不可稱仁里哉。昔王彥方所居號君子鄉，其盍法之。

意譯：宗族雖然有遠近親疏的不同，推究根源一開始只是我祖先一人而已，知道宗族都是出自一人的身體，那麼遠近親疏的成見便可消除了。君子尊敬祖先聚集族人，不會用強迫手段欺侮弱小的；不會叫多數人用暴力對付少數人；不會因富有而欺侮貧窮的；不會自己高貴而藐視微賤的人。體恤他們遭受饑寒，解救他們的忿爭，患難與疾苦，常常體念祖先愛護子孫的心情，來愛護我宗族的人。若我愛別人別人也會愛我，別人跟我的情誼十分融洽，好比血氣流貫在一個人身上一樣，就不會有不合理的事發生。這不就可以稱爲仁里了嗎？以往王彥方所住的地方號稱「君子鄉」，何不效法它呢！

家訓五十五：宗族

蓋嘗聞之天下一家，中國一人，況在九族者乎，區區有無相通，恩惠所分未能遍及，即施之一人一家亦未能屢及，揆諸君子包容天下之量，尚未曾得吾分內千百分之一，分而可有德色使人不自安乎，且以德報德，人亦未必不還，而又可吝而不與乎，至於慶弔贈遺，尤宜從厚，其人有餘，禮數固然，其人而或不足，古且有斂錢爲婚，麥舟助喪者，些須饋禮何可鄙吝，此又不可不知也。

意譯：大概曾經聽過「天下像一家，中國像一人」的說法。況且在九族以內的人呀！有時少數金錢相互通融，有時恩惠分配不能普遍到每一個人，就是施給一人一家，也沒有辦法每次都給。衡量那些君子包容天下的度量，還不能得到我分內千百分之一，分給別人，自己卻有得意的表現，使人感到內心不安。況且用善行報答別人對你的恩惠，別人也未必不會賞還你，而你又怎麼可以吝嗇而不給呢？至於講到慶賀別人的喜事；吊祭別人喪事；或贈送別人禮物，尤其應該豐厚。這個人假如財富有餘，固然應依禮數，假如這個人家境不好，感到財用不足。古時還有爲結婚可收斂錢財，也有賣船幫助喪葬的。贈送一點點禮物怎麼可以鄙陋吝嗇，這又是不可不知道的呀！

註釋：1.區區：微小。

2.揆：ㄎㄨㄟˊ，測度、衡量。

3.麥：ㄇㄞˋ，假借爲「賣」。

家訓五十六：宗族

吾族之顛連無告者莫若孤寡，此尤當軫念者也，其人而衣食饒足且宜謹爲料理，若或饔飧不飽，更當推解護恤，百計周全，務使孤者成立，寡者全節而後安，則吾之處心既厚而食報於冥冥中者不且無窮矣乎，他若族之老貧者，親之窮苦者，一切饋遺款待不可疏失輕慢，如曰禮尚往來查賬看曾到否，有還報否，則昧了先施底情理，如人人照樣，永無親厚之日矣，豈親親之道哉。

意譯：我們族人中生活困難而無處訴苦求援的莫過於孤兒寡母，像這樣尤其應當憐憫思念的，那個人若衣食充足，尚且應該謹慎爲他料理；假若那個人吃了早餐沒有晚餐，更應當供食解衣愛護救濟，千方百計成全他們，一定要使孤兒能成家立業，寡母能保全節操，而後才得安心。如此我們的居心既然豐厚，而受食暗中回報的不就無窮盡了嗎？其他像族人中那些年老貧窮的，親戚中窮苦的，一切饋贈慰問，款待都不可疏失，輕忽慢待。如果說「禮尚往來」，查賬看曾經有沒有送禮，有沒有還報，那就是不明瞭先施予人的情理。如果人人都照這樣，那就永遠都沒有厚待親人的一天了。這難道是愛自己親族的道理嗎？

註釋：1.顚連：顚沛流離，形容遭遇非常艱困。

2.饔飧：ㄩㄥ ㄙㄨㄣ，饔：早餐，飧：晚餐。

3.推解：推食解衣，拿自己的食物給別人吃；脫掉自己的衣服給別人穿。

4.親親：親愛自己的族人。

家訓五十七：宗族

吾族中子弟有勤苦攻書者，此其志向不在小，今日爲魚，安知異日不爲龍乎，倘或力不足不能卒業，宜盡情加意獎借提掇，量給飯食紙筆之需，以玉成之，古人設義學、置義田，今縱未能，豈可吝小費而不成人之美乎，天道好還，勉之。肇俊公云。

意譯：我們族人中的小孩有勤奮刻苦努力用功讀書的，這樣他的志向一定不小，今天是一條魚，怎麼知道以後不會變爲龍呢！假若他的財力不足不能畢業，應該盡量關心給予獎勵提拔，酌量給予日常生活飲食及紙張筆墨所需，以成全他的心願，古時候的人設置義學、義田，現在縱然未能設置，難道可以捨不得花少數錢而成全別人的好事嗎？天地間自然法則往往是喜歡回報，儘量多作些好事吧！以上是肇俊公說的。

註釋：1.玉成：成全，多用以美稱他人的幫助。

2.義學：舊時免費教導貧民子弟的學校。

3.義田：爲救助貧苦的人所購置的田地，將收租所得用以賑災濟貧。

4.天道好還：天地間自然法則往往是喜歡回報。

家訓五十八：宗族

族黨中或有少年子弟士而不士，農而不農，工而不工，商而不商者，是爲游惰，游惰之人饑寒並至而能無爲非者寡矣，原有業可歸者，飭令歸業，無業則親鄰之有餘者，代舉義會或三星五星總計若干，給付或斠田或生理，待其成業補償前惠，此爲良法。人各有子孫，日後賢否未可知，成人實所以自成也，勉之。肇俊公云。

意譯：同族或鄉黨中也許有些少年子弟，有能力讀書而不讀書；可以務農而不務農；可以做工而不去做工；可以經商而不經商。這些就是懶惰的游民，懶惰游手好閒的人遭受到饑寒而能不作壞事的實在太少啦。所以這些人原來有職業可以回歸的，嚴厲的命令他回歸職業。沒有職業的就由親戚鄰居中有錢的人，代召義會，有的出三塊五塊，總計多少，交給他斠田或營生，等到他成就事業再回饋親鄰所給的恩惠，這是一個好的方法。每個人都有子孫，以後賢良與否，無法預知。成全別人實在也是成全自己，盡量去作吧！以上是肇俊公的話。

家訓五十九：宗族

今夫山羅列而如拱，水周旋而如揖，橋梓俯仰而形父子之道，池魚先後而似婢妾之儀，吾人居族黨中，往來接見者，非吾父兄行即吾子弟輩，一切舉動豈不有禮法在而可苟乎，嘗見一等人不問伯叔兄弟，一概加以疾言遽色，甚且有直呼長上名者，其背禮爲尤甚，孔子於鄉黨，恂恂如也，似不能言者，敬舉以告。

意譯：那些山一座座排列在那兒好像在打拱，那些水圍繞旋轉好像在作揖，橋木高大而上仰，梓木矮小而下俯，形成父子上下的關係。水池中的魚先後順序游，好比行婢妾的禮儀。我們平常在族人中往來接見的，不是我父兄那一輩，就是我子弟的那一輩，一切舉動難道沒有禮法存在，而可以隨便嗎？曾經看到一些人不管伯叔兄弟，一概對他言語急切，神色倉猝，甚至於還有直接叫出長輩名字的，這樣就更加違背禮儀了。孔子對鄉親態度誠信嚴肅，好像不會講話似的。恭敬的提出來以告誡子孫。

註釋：1.橋梓：也作喬梓，喬高，梓矮，比喻父子。

2.恂恂如也：恐懼、嚴肅的樣子。

家訓六十：宗族

有一種慣挑撥是非之人，謂之刁唆，實可痛恨，當以明決處之，如彼云某人如何怨汝、詈汝，則曰與彼素無猜嫌，當不至此，就令有此，我亦弗較，彼自氣塞，若更弗止，則竟造彼所唆之人剖明有無，共相謝絕，庶不爲所撮弄，不然聽若說，不火而熱，不冰而寒，諺所謂戲兩頭蛇者也，一墮其套，未免有切近之災，可不絕之於早哉。

意譯：有一種習慣挑撥是非的人叫做「刁唆」，實在讓人痛恨，應當用明快的手段處置，假如他說某人怎麼樣怨恨你、罵你。就說「我與他向來沒有什麼猜忌，應當不會這樣，就是眞有此事，我也不和他計較，他自然會氣塞。」倘若還不停止，那最後就直接去造訪那位被他所唆使的人，剖析說明有無事實根據。

然後共同謝絕那位挑撥是非的人，如此才不會被他所捉弄。不然只聽他說，沒有火也會變熱；沒有冰也會寒冷，諺語所說的「玩弄兩頭蛇的人」。我們一旦墮入他的圈套，難免有切身的災禍發生，能不儘早拒絕嗎？

註釋：1.刁唆：「刁」ㄉㄧㄠ兇悍狡詐，唆ㄙㄨㄛ，指使別人去作某事。

2.詈：ㄌㄧˋ罵人。

家訓六十一：宗族

人或因財忿而致訟，訟者之意不過欲洩其忿，利其財耳，殊不知判斷無常，忿可必伸，財可必得乎，故族中有相爭者，宜以情理曲折曉諭，勿令成訟，斷斷不可偏袒佐鬥，如已經告訴，尤宜竭力解釋，令兩造相好如初，方無傷鄰族之誼，至異姓有訟，我若身爲陌路，置若罔聞，亦非仁人君子之所用心也。肇俊公云。

意譯：人可能因財產糾紛忿怒而打官司，打官司的人本意不過是想發洩他的怒氣，得到他的財產罷了。卻不知道判決沒有一定的常規，忿怒一定可以表白嗎？財產一定可以得到嗎？所以族中有相互爭訟的，應該用人情和道理反復明白的告訴他，不要讓他們打官司，絕對不可以偏袒任何一方，更不可以幫助他們去鬥爭，如果已經提出告訴，尤其應該盡力解釋，使兩方相好像起初一樣，這樣才不會傷害鄰居族人的情誼。至於不同姓的人有爭訟的，我若表現得像陌生過路人一樣，當作沒有聽到這回事，那也不是仁人君子所應有的居心與表現呀！

以上是肇俊公講的。

家訓六十二：宗族

族盛則流或有不肖子弟，好色貪財流於奸且盜者，先責其父兄令再四戒警之，如猶不悛，義難輕釋，不鳴官究辦，即當削譜屛逐，昔賢有云，百善孝爲先，萬惡淫爲首，又云氣死莫告狀，餓死莫爲盜，凡我族人或秀而讀，或樸而耕，安分守業，女字邊干，次字連皿，永不可犯，切戒切戒，肇俊公云。

意譯：族人旺盛就會分出許多支流，可能會有不賢的子弟出現，喜歡女色，貪圖財物，甚至於變成奸詐邪惡或盜賊的，先要求他的父兄讓他多次的勸戒與警告他，如果還不知悔改，按理難以從輕發落，若不申訴官署追究依法辦理，就應當從族譜中將他刪除並趕出家門。以往先賢有講：「百善孝爲先，萬惡淫爲首」。又說：「氣死莫告狀，餓死莫爲盜」。凡是我族中人有的優秀而讀者，有的誠樸而務農，安分守業，「女字邊干，次字連皿」，違法的事，永遠不可冒犯，切戒切戒。以上是肇俊公說的。

家訓六十三：宗族

族中無出者繼姪爲後禮也，然當繼不當繼各有八焉：有德行當繼、生員以上當繼、嫡長子當繼、一支單傳當繼、產厚當繼、妻守節當繼、壽六十以上有行事可稱當繼、有著作傳於後及有功於祖宗當繼。少亡不當繼、無德不當繼、有長兄不當繼、有大惡不當繼、妻已改嫁不當繼、首妻即娶再醮之婦不當繼、產薄而人不賢不當繼、繼他姓之子不當繼。酌而行之可也。

意譯：族人中不生孩子的由姪兒繼承作後代，這是合乎禮法的。但是應當繼承或不應當繼承，各有八項規定：有德行的應當繼承；有生員以上資格的應當繼承；身爲直系長子的應當繼承；只有一支單傳的應當繼承；產業雄厚的應當繼承；妻子守節的應當繼承；年壽六十以上有行事可稱讚的應當繼承；有著作傳於後世及有功於祖宗的應當繼承。少年死亡的不應當繼承；沒有德行的不應當繼承，有長兄的不應當繼承，有重大惡行的不應當繼承；妻子已改嫁的不應當繼承；第一任妻子就娶再嫁的婦女的不應當繼承；財產微薄而人又不賢的不應當繼承；繼承他姓兒子的不應當繼承。以上各項可斟酌情形而施行。

家訓六十四：宗族

子孫不可倩人修譜，其害有十，不可不知。慣習不通，序文用水源木本套頭，張冠李戴一也。冒用縉紳官銜，舛錯不典，年月不對，不直識者一哂二也。竊得同姓舊譜不顧死活將自己祖宗栽入別人絕分之下，斬斷來脈三也。鈔他譜排行名字如五行卦名之類，依樣造成毫無蹤影，俗云米粉揑成祖宗，欺宗滅祖莫此爲甚，四也。先世樸野或有行無名，有名無字，今一一代補，照字典上偏旁相同之字編就，十分陋惡不通，子孫爲祖父命名取字，污衊先人五也。子孫庸惡不肖而家富多金，定要做一篇傳贊，悉不通之人爲之，窮兇極惡之人配以窮兇極惡之文，令觀者欲嘔六也。兒女嫁娶，書其婿婦之家，乃細小猥鄙之村名亦登之於策七也。老譜凡例序傳之類或有可存，悉聽不通之人主張刪改錯亂，直至一字不通而後已，可殺可恨八也。一姓必妄宗一祖，如吳宗季子，錢宗武肅之類，以後無可稽考，東扯西扭。如張東之生九齡一樣風馬不及，可作笑林九也。暗約野姓，私受其財，陽爲調停使之竄身譜末，紊亂宗支，不成一書十也。有此十害，上則玷辱祖宗，下則流毒通族，凡我子孫宜永除此輩，以絕害源也，此與下二條從葛氏宗譜抄入。

意譯：做子孫的不可請人代爲修譜，害處有十項不可不知，第一害：不明瞭本家習慣，序文用水源木本套頭，張冠李戴。第二害：冒用縉紳官銜，錯誤百出，不合法制，年月不對，不值得有識人士一笑。第三害：偷得同姓舊譜，不顧死活將自己祖宗栽入別人絕分下面，斬斷本家原來的支脈。第四害：鈔錄別人家譜排行名字，如五行卦名之類，依樣造成，毫無蹤影。俗語說：「米粉捏成祖宗」。欺宗滅祖，沒有比這更厲害的了。第五害：先祖樸實世居鄉野，可能有良好的事蹟而沒有名稱，有的有名而沒有字，現在一個一個都代爲補齊，照字典上偏旁相同的字編成，實在粗俗惡劣不通情理，子孫爲祖父命名取字，污衊祖先。第六害：子孫平庸惡劣不賢但家庭富有多錢財，一定要做一篇傳贊，全由不通文筆的人寫成，窮凶極惡的人配上窮凶極惡的文章，讓觀看的人都想嘔吐。第七害：兒女嫁娶，寫上他女婿媳婦的家鄉，於是細小粗鄙的村名也登錄在家譜中。第八害：老譜中的凡例、序、傳之類，可能還有保存著，完全聽由不通文字的人主張刪改錯亂，直到一字不通才終止，可殺可恨。第九害：一姓必定隨便尊崇一位祖先，像吳姓尊崇季子，錢姓尊崇武肅這一類，以後無法查對考核，東扯西扭，像張東之生九齡一樣，風馬牛不相及，可作爲笑話看。第十害：暗地相約野姓，私下接受他的財貨，表面爲他調停，使他能藏身在家譜最後，紊亂宗支不成爲一本完美的家譜。有這十害，上則玷辱祖宗，下則流毒全族。凡我族子孫應永遠消除這些人，以根絕禍害源頭。（此與下二條從葛氏宗譜中抄入。）

家訓六十五：雜錄

人家書籍字畫及玩好等，宜於臥內之後，另砌石室封藏嚴密。水火盜賊不能爲患方好，嘗聞某鄉宦有樓臥爲室，珍奇充牣其中，胡梯之外別無出路，忽遇回祿，一切所藏書畫、金玉古玩，價直鉅萬，悉爲灰燼，又聞某富室被火，階下有一井，文契銀帛夾雜投入，所全實多，此可爲鑒。又聞先輩云積書萬卷不常展閱，能自起火，內置春宮數冊則永無此患，若恐少年子弟竊玩，須兩邊縫好，署云此書能辟火災，君子無書不讀獨缺此種也，可又以朝腦、芸香、松香、黃白蠟同鎔化作丸，如碁子大雜置書衣箱中，可除蠹，又正月辰日，屋內空隙處遍懸貓爪虎骨，可除鼠耗。

意譯：人家書籍字畫及玩好等，應在臥室內後面，另用石材砌一房間嚴密封藏，水火盜賊都不能侵犯才好。曾聽說某鄉有位做官的家中有樓房作爲臥室，珍貴稀奇的物品充滿一屋，胡梯以外別無出路，忽然遇到火災，一切所藏書畫、金玉古玩，價值好多萬全部化爲灰燼。又聽說某一富有人家著火，台階下面有一口井，文契銀兩布帛夾雜著投入井中，有很多都保全下來，這可做爲借鏡。又聽先輩說：堆積書籍數萬卷，若不常常去閱讀它，能自己燒起來，其中放置幾冊春宮，就永遠不會發生這種禍患。若怕少年子弟偷拿去玩，必須兩邊縫好，上面寫上：「此書能避火災，君子無書不讀，唯獨這種書可以不讀」。又可用樟腦、芸香、松香、黃白蠟共同鎔化作丸，如棋子大，雜亂放在書櫃衣箱中，可驅除蠹書蟲。又於正月辰日（初五）在屋內有空隙的地方遍掛貓爪、虎骨，可以驅除老鼠。

註釋：1.玩好：（ㄨㄢˊ ㄏㄠˋ）供賞玩的珍奇物品。
2.充牣：（ㄔㄨㄥ ㄖㄣˋ）充滿，牣：滿。
3.回祿：ㄏㄨㄟˊ ㄌㄨˋ 古代傳說中的火神名，後指火災。
4.文契：ㄨㄣˊ ㄑㄧˋ 買賣或借貸時所立的書面契約。
5.蠹：ㄉㄨˋ 蛀蟲。

家訓六十六：雜錄

人家造大樓房分與子孫居住，必須打點近樓隙地，或小屋通連內屋處，一一將井灶、灰圈、東圊安置妥當，不者子孫聚居內室如蜂房鴿巢，床頭即安廚灶，窗前即置不潔，客至炊煙薰眼，炎天臭穢撲鼻，皆因造屋之始，不曾預先點檢至此。嘗有人家蓄豬於樓，相傳以爲異，顧事出春秋不足奇也，曰婁豬又曰郲婁，噫！更有出於意料之外如此者。

意譯：人家造大樓房分與子孫居住，必須考慮近樓空地或小屋通連內屋處，將井灶灰圈東圊——廁所，一一安置妥當，不然子孫聚居內室像蜂房鴿巢一樣，就在床頭安置廚灶，窗前放置廁所，客人來時炊煙薰眼，夏天臭氣撲鼻，都是因爲當初造屋開始沒有預先設計好，造成這種結果。曾經有人家在樓上養豬，相傳以爲奇異，但事出春秋，不足爲奇，稱爲婁豬，又叫郲婁，噫！更有這樣出於意料之外的事。

註釋：圊：ㄑㄧㄥ，廁所。

家訓六十七：雜錄

凡田地墳山房屋願售者，須以厚價易之，切不可用計取、用勢奪、至成契後，尤不可刁蹬人，如折銀色、扣枯田、短戥頭、掛後手，以租作價之類，此皆詭譎刻薄人所爲，非忠厚綿遠之道，俱係享用久暫，福分厚薄所關，非同等閒。昔人有言，田地若將糠粃換，子孫依舊換糠粃，理自如此，昔有陳姓買地營葬，有地直三十萬，其子與堪輿者謀以廉價得之，其父登山觀看大喜，問價幾何，子以實告，大怒曰，汝如此設心猶望子孫顯達乎，召其主輦錢三十萬予之，其家累世簪纓不絕。有蔡氏曾買田二百畝，其人壽且死，計田價先後低昂甫得半價，即召原主之子至床前照時下貴價償補之，不肯受，曰此先後不同耳，復強之曰第受之，乃拜受而去，今守之六世矣。近有周某者見人有好田產，輒暱貸之而質其產，並不索利，積數年計所質產消算無餘，其人更無好產，遂峻絕不復與交一錢，其人或搭會另借贖之，交銀後，又勒契不發，希圖詐害，年底收租錢色、米色、些須都不肯讓。嘗到一家討債曰，當若干，債主曰即閏月亦只若干。何得多算，曰不多計爾初次借錢日期已十三月零六百，不當償十四月子錢耶。專一將工夫用在窮人面上，業田五頃餘，其人死，其子孫一賭罄盡，前後不上三十年也。諺曰忠厚終有後，又曰刻薄別人即刻薄自家，這等說來忠厚人不要怕人笑，由他笑便了，尖刻人且慢笑人，恐後人又要笑爾了。

意譯：凡是田地墳山房屋願意出售的，必須用優厚價格交易。千萬不可用計謀騙取，用勢力去掠奪。到完成契約後，尤其不可狡滑欺侮別人，像說銀色不足打些折扣，田禾枯萎打些折扣，少給些錢以後再給、或以租金當作售價，這一類的行爲，這些都是欺詐多變刻薄的人所做的事，不是忠厚長久的途徑。都關係著享用久遠或短暫以及福分的深厚或微薄。不同於平常隨便的事。以前人有句話說：「田地若想用糠粃換，子孫依舊用田地去換糠粃」。道理自然就是這樣，以往有位姓陳的買地建造墓地，有一塊地價值三十萬，他的兒子與堪察地理風水的合謀用廉價買得，他的父親登山觀看，十分歡喜，問價錢多少？他兒將實際情形告訴他，他父親聽了大怒說：「你這樣居心還希望子孫顯貴發達嗎？」把地主找來，用車子拉三十萬錢給他。他家從自歷代出現達官貴人不斷。另有姓蔡的買田地二百畝，那個人因年紀大將死，計算田價先後高低不同才得半價，立即找原主的兒子到床前，按照當時貴價補償給他，不肯接受說「這是先後不同啊」，又強要給他，並說：「一定要接受」，於是行禮後拿著錢離去，至今保守著這塊田地已六代了。

最近有位姓周的看到別人有好田產，就常常私下借錢給他而用他的田產當抵押，並不要利息，累計幾年計算所抵押的田產消賬後已無剩餘的了。那個人別無其他好田產，於是嚴厲拒絕不再給他一文錢。那個人搭會另向別人借錢要贖回田產，交付銀錢後，又強押契約不發還，想要欺詐陷害別人，到年底收租金，銀的成分或米的品質一點都不肯讓步，曾經到一家去討債說：「應當若干」，債主說：「就連閏月也不過若干，怎麼可以多算？」說：「不算多，你初次借錢日期已十三月零六百，不當償十四個月利息嗎？」專門將工夫用在窮人身上。家業田地有五頃多，他本人死了以後，他的子孫賭博，把田產輸得精光，前後不到三十年。俗話說：「忠厚終有後」，又說：「刻薄別人即刻薄自家」，這樣說來忠厚人不要怕人笑，由他笑便了，尖刻的人且慢笑別人，恐怕後人又要笑你了。

註釋：

1.跪譎：應爲詭譎之誤，即狡詐多變。

2.堪輿者：堪察地理風水的人。

3.簪纓：ㄗㄢ，又讀ㄗㄣ，爲古代官吏的帽飾，借指達官顯貴。

家訓六十八：雜錄

吳春江謂予曰：今人狡獪性成，小兒十數歲時入市買賣佔得便宜，其父兄反稱其伶巧，予曰好尚如此，風俗安得而厚也。

意譯：吳春江對我說：「現在的人詭詐奸滑已成習慣，小孩子十幾歲時進市場去買賣，佔得便宜，他的父兄反而稱讚他伶俐乖巧。」我說：「喜歡這樣，怎麼會有忠實淳厚的風俗呢！」

註釋：1.狡獪：狡ㄐㄧㄠˇ奸滑，獪ㄎㄨㄞˋ，狡詐、奸詐狡滑。

家訓六十九：雜錄

客有言某鄉宦之子家貧乞食者，予曰聞有田十數頃，奚貧至此，曰其家例奴樸成人者，歲給粟三石六斗，豐年所收分給外餘存無幾，凶年則苦難萬狀矣。然則人家奴僕飽食終日，閒嬉無事，此立潰之道也。張安世家僮數百人，使之各執一業，誠識爲治之本也。但如王子淵僮約，事訖欲休，舂一石，奴不聽教箠一百，則不可耳。

意譯：客人有一次講某鄉做官的兒子家貧缺乏糧食吃。我說：「聽說有田地十幾頃，爲什麼貧窮到這種地步？」他說：「他家的成例奴僕成年的一年發給糧食三石六斗。豐年所有收獲分給外餘存沒有多少；凶年就萬分艱苦困難啦，但是人家奴僕每天吃得飽飽的，閒暇嬉笑沒有事作，這就是立即窮困的道理」。張安世家中僮僕幾百人，讓他們各負責一件事，實在是了解治家的根本。但是像王子淵與僮約定事情作完，想休息舂耕給糧一石，奴僕不聽從的教人用鞭打一百下，那就不可以啦！

註釋：1. 奚：ㄒㄧ何、爲什麼。

2.訖：ㄑㄧˋ 終止、完畢。

家訓七十：雜錄

凡人納人家奴婢作妾則可，若以爲繼室最是玷辱祖考，萬萬不可，不特妯娌子姪輩稱呼不便，即本婦一家之人無一非奴婢，將何以與之認親而往來乎，其他不知禮體，姦淫傷敗與死後無可成禮更不消說。顧繼室亦不可娶再醮婦，喪葬服制閒亦大不便，雖以禮過門愛養諸子素無失德，且以壽終，嫡子庶子爲之製服舉哀，擇地另葬，然斷未有丁憂若考妣者，諸姪亦不得爲之服期功也，即其子或有貴顯者亦不受弔，不發喪，墓而不誌，蓋生無封爵，死不入廟，無可稱者，故不發喪。殯於他所，無可守喪，故不受弔，且無行實足紀，故墓而不誌，親戚交游待其奔喪卒哭私慰之而已。章聞之林西珍師如此，顧今人不但嫡母繼母概無分別，且有女已嫁而爲其父母服三年之服於舅姑與夫之前者，此尤不可解者也，蓋喪禮之亡久矣。

意譯：凡人納娶人家的奴婢作小老婆是可以的，若娶爲繼室最是汙辱祖考，萬萬不可以。不只是妯娌子姪輩稱乎不方便，就是本婦一家人沒有一個不成爲奴婢，將怎樣與他認親而往來呢！其他不知禮儀體制，姦淫傷敗與死後無法成禮更不必說。但是繼室也不可娶再嫁的婦女，喪葬服制間也很不方便。雖然按照禮儀迎娶過門，愛護養育各個小孩平素也沒有損失德性的事，並且因長壽而去世，正妻所生的兒子與妾所生的兒子，爲她穿喪服舉哀祭，選擇墓地另與安葬。然而絕對沒有像爲自己親生父母服喪那樣憂傷。各姪兒也不得爲她服一年或九個月的喪服。就是她自己的兒子有尊貴顯赫的也不接受弔唁，不發訃文，不寫墓誌，因爲生前沒有封爵位，死後不能入祀於宗廟。沒有什麼可以稱許的。所以不發喪，埋葬於別的地方，無人守喪，所以不接受弔祭，並且沒有什麼經歷事蹟可供紀載，所以建墓而不寫墓誌，一般親戚及朋友，由其奔喪卒哭私下慰問罷了。章由林西珍老師處聽到是這樣。然而現在的人不但嫡母繼母一概沒有分別，並且有女兒已出嫁而在她公婆與丈夫面前爲其父母服三年喪服的，這是尤其不可解釋的了，因爲喪禮失傳已經很久了。

註釋：1.繼室：元配死後再娶的妻子。

2.玷辱：ㄉㄧㄢˋ ㄖㄨˇ 汙辱。

3.妯娌：ㄓㄡˊ ㄌㄧˇ 兄弟之妻的合稱。

4.再醮婦：醮ㄐㄧㄠˋ出嫁、再嫁婦女。

家訓七十一：雜錄

古來惑於仙佛者莫如二武諸人，然漢武且死梁武且餓死，以彼信奉供養萬萬非小民比，而仙佛卒不降之福，而且更得禍。然則本無仙佛與，即有仙佛而妖妄不靈俱可知矣。世之妄男子縱婦女遊諸佛寺，誤入地窖中，終身不見天日，爲淫僧所污弄欲死不得，欲出不能者，往往而有。聞某官愛妾與女奴四人，遊某寺，至一處忽地陷，隨平復如故，失其妾并二女奴，餘二奴急上轎歸，訴某官親至其處觀看，寂無聲響，計無復之。訴於某制府，制府令大將軍某領兵燒寺，妖僧數百俱死，兵火發窖得婦女百餘人，有白髮者，此時父女夫婦相見當作何語耶，謂佛有靈，終得見面耶。又世傳漢時有茅氏兄弟三人，修眞於良常土人，因以其姓姓山，妄稱曰茅山，俗之好神仙者趨焉，年年搭會燒香做戲，放煙火，耗費無算。有周氏者，每三年則香會圓滿、演戲、浼予書聯，予題曰「者不是句曲仙山好憑一點誠心迎來鶴駕，也曉得巴謠絕響聊借數聲玉笛吹落梅花」，會首大喜，不知予之罵之也。予戚鄰馬遇方病疽，許朝山，稍愈即往，歸復疽發死。予友李青母病亦許朝山，予口占云「巴歌秦代唱神仙，繼世茅君也上天，到底度人無活法，變成土偶對香煙」，李不果往，母病旋愈，復有石潭村某者，今年春道光癸卯，夫婦宿茅山同床各被，婦爲道士所辱，疑其夫也，曉詰且尤之，夫力辨其無，婦慚縊，夫故良儒葬婦而歸，甫下山婦後呼且曰，雷擊殺一道士，予甦然而蘇，汝聞未。各處相傳以爲菩薩靈感，予曰彼所污止一婦耶，婦來敬神耳，來偷漢子耶，來尋死耶，其婦不死道士亦死否耶，以淫殺人，暴雷震救，處處有之，奚獨茅山，且果有靈，何不誅之未淫之前，以全婦節耶，即未淫無死法，何不顯威以絕其淫心，或不知有淫心，烏得爲靈，或知之而不絕其淫心，故縱之淫人婦，婦失節且死，而後殺之，生之，以著其靈，有是不仁不義之菩薩耶，顧何以死生，生死曰偶然耳，道士惡貫滿盈當死，婦縊未甚久而復生，會逢其適耳，曰言得毋太刻，予曰公等休論刻不刻，但問彼夫婦此番進香有益耶，有損耶，曰是亦偶然耳，他人不皆然。顧他人果有甚好處耶。要而論之。即不必求福得禍其無益亦明矣，無益之事何必費錢爲之，且借錢爲之耶，昔人有言「爺娘就是靈山佛，安樂眞成陸地仙」，請爲世之惑於仙佛者告。

意譯：古來迷惑在神仙佛教方面的沒有人像「二武」這些人那樣著迷。但是漢武帝最後也免不了一死，梁武帝並且是餓死，以他們信奉供養的情形萬萬不是一般小民能比的，然而神仙佛祖最後並沒有賜福給他反而降臨災禍。那麼本來就沒有神仙佛祖了。就是有仙佛但邪惡狂妄都是可以知道啊！世間有些不明事理的男人放縱婦女遊於佛寺，誤入地窖中，終身看不見天日，爲淫蕩的僧侶所污弄，求死不得，想要出去也出不去，這是常常有的事。聽說某官員愛妾同四位女奴遊某一寺廟，走到一處忽然地面下陷，隨即又恢復像以往一樣，他愛妾及二女奴不見了，剩下的二女奴急忙上轎回家。告訴那位官員親自到那個地方去觀看，沒有一點聲響，沒有辦法找到，於是向官府提出告訴，官府派一位大將軍領兵燒寺，邪惡的僧侶幾百個都被燒死，士兵挖開地窖，找到婦女一百多人，有白頭髮的。這個時候父女夫婦相互見面，還能講些什麼呢，說佛有靈，終於使我們見面啦。

又世間相傳漢朝時有茅氏兄弟三人，在良常土人處修習佛事，因此將他的姓姓山，隨便稱爲「茅山」。一般喜好神仙的都趕去那兒，年年搭會、燒香，唱戲、放煙火，消耗金錢無法計算，有位姓周的每三年辦一次香會，結束時演戲，請我寫對聯。我題曰：「者不是句曲仙山好憑一點誠心迎來鶴駕；也曉得巴謠絕響聊借數聲玉笛吹落梅花」。會首大喜，不知道我在罵他。我的親戚鄰居馬遇正生病長惡瘡，許願朝山進香，稍好一些便前往，回來後惡瘡復發而且死亡。我的朋友李青因母親生病，也許願朝山進香。我口頭告訴他說：「巴歌秦代唱神仙，繼世茅君也上天，到底度人無活法，變成土偶對香煙」。李先生結果沒有去朝山，不久他母親的病也好了。還有石潭村某先生今年春（道光癸卯），夫婦夜宿茅山，同在一張床上各蓋各的被子，夜間婦人被道士污辱，她以爲是她丈夫，早上起來質問並責怪她丈夫，她丈夫極力辯白說他沒有。婦人便羞愧上吊了。丈夫本來是一位賢良的讀書人，於是將婦女埋葬後便回去了，剛下山婦人在後面喊著說：「雷打死一位道士，我死而復活，你聽到沒有」。各處相傳以爲菩薩靈感，我說：「那位道士所污辱的婦女何止一人呢，婦人是來敬神而已，還是來偷漢子啊！還是來尋死啊！他的婦人不死，道士不是也會死啊！因姦淫殺人被暴雷震救處處都有，何獨只有茅山？況且果眞有靈，何不擊斃在沒有姦淫婦人之前，來成全婦女的貞節呢？即使沒有姦淫之前不能讓他死，爲何不顯神威以根絕他的淫心，可能不知道他有淫心，就不能說有靈，可能知道他有而不根絕他的淫心，故意放縱他去姦淫人家婦女，婦女失去貞節而且死亡，然後才將道士殺死，使婦人復生來顯現他的靈驗，有這樣不仁不義的菩薩嗎？但怎麼會有死生，生死原是偶然的事而已，道士惡貫滿盈應當死，婦女上吊沒有多久而復活，是恰好遇上了而已。有人說：「講得不太刻薄了嗎？」我說：「你們不必評論刻薄不刻薄，只問那一對夫婦這次進香有益處呢？還是有損害呢？」說「也是料想不到的事罷了，其他的人不見得都是這樣。」但別的人果眞有甚麼好處呢，主要來說，就是不必求福反而得禍，那無益已很明顯了。沒有益處的事何必花錢去做，況且借錢去做呢，從前有人說：「爺娘就是靈山佛，安樂眞成陸地仙。」請爲世上迷惑於仙佛的人告誡。

註釋：

1.二武：即漢武帝、南朝梁武帝，皆崇信佛教。

2.浼：浼的俗體，ㄇㄟˇ請託。

3.疽：ㄐㄩ長在肌肉筋骨間的惡瘡。

4.口占：口授。

5.詰：ㄐㄧㄝˊ責問。

6.偶然：ㄡˇ ㄖㄢˊ料想不到的。

家訓七十二：雜錄

又人家所供養張仙、觀音諸像，根求來歷，亦皆妖妄不足道者，按神仙傳等書張姓者非一人，世奉張仙亦非一說，惟花蕊夫人事最似宋主（趙匡胤）取蜀并嬖夫人常幸，夫人不忘舊畫—後主帶弓狗出獵，像懸宮中對之泣，宋主微至未及匿，問之夫人，佯云張仙，祀之多男，宋主喜，令後宮悉祀之，然則張仙乃後主也。荒淫失國，不能庇其妻而能庇數百年後人所生之子，豈有此理耶，又按搜神記等書載觀音亦非一說，云妙莊王三女、云南海菩薩，云大士、云老婆婆，云道人俗又云送子觀音，兒女祀奉大半爲此，顧一切邪淫之說本不足徵信，予姑取一說論之，彼身爲公主，不要丈夫拋棄父母兄弟姊妹五倫正道，受此苦楚，便能禍福人，掉轉頭來復管人閒兒女事，代人送子耶，且送子果到何處去取來，送來又放在何處，若云我生即是他送，不送我便不生，即生亦或不長，天下之人之衆，竊謂無日不生，豈能一一遍送，顧女媧七十二變，牟尼三十二相，觀音亦善能變化，能化千眼千手千足，能化億萬慈悲法身，忽女忽男，忽老忽少，上下四方，頃刻走到，竊以爲天地千變萬化，未見一天一地幻出千萬天地，天道男，地道女，未見天變而地，地變而天，未見天地時上時下，時小時大，他卻能變化出乎天地之外，天地也不如他，豈有此理耶，顧又聞之神仙妖怪皆善變化，竊以爲古來本無仙人，觀僞神仙傳載，牛僧孺與王昭君苟合及秦皇漢武與趙高劉安楊妃，一切昏主、亂臣、賊宦、淫婦俱列仙籍，當信予言不謬，若是妖怪善變化，祀之以求妖怪之福我壽我，子孫我，豈有此理耶。顧世人貪心、妄心、淫心，一心之中頃刻幻出千萬心，此人心之妖怪也，吾心有怪，便外邊眞有鬼物之怪乘之以爲祟。或有祀觀音張仙而得子，不祀而死者，竊以爲此亦偶然，凡人子之有無，生死，豈妖怪所能作主，人但以修德爲心而去夫一心之怪，則百怪無從而生，而謂諸福不歸之心正者而歸之一切心不正之人，又豈有此理耶。或曰供養二像之家多矣，豈皆見識出爾下，爾何獨不信而醜詆之。乃爾顧不必責予之不信而群自責其奉之之無益，則能信予之不信而不爲不可信者所惑矣。章五歲就學，曁今四十一歲蹭蹬舉場，孤負先人培養之意，然頗見書籍，稍知理義，斷不敢將無稽滅禮之言刊入家乘，上玷祖考，下誤子孫，諸凡俚鄙之談，敬期覽者垂聽焉。

意譯：又有別人家中供養張仙觀音各位神像，追根究底尋求他的來歷，也都是邪惡狂妄不值一提的。按照神仙傳等書，姓張的不只一人，世間供奉的張仙也不只一種說法，只有花蕊夫人的故事最像宋主（趙匡胤），攻取蜀地後並寵愛夫人常臨幸，夫人不忘舊晝後主帶弓箭獵狗出獵像。就把像掛在宮中對著哭泣，宋主微服來到時來不及藏匿，就問她，夫人就假裝說：祀奉張仙可多生男孩，宋主高興命令後宮全都祀奉張仙，然而張仙實際就是後主，因他荒淫無道，喪失國家，連他的愛妻都不能庇護，還能庇護幾百年以後人所生的孩子嗎？那裡有這種道理呢！

又按照搜神記等書記載，觀音也不只一種說法，一說是妙莊王三女，一說是南海菩薩，一說是大士，一說是老婆婆，一說是道人。世人又說是送子觀音，兒女祀奉大半是爲了這個緣故。但一切邪淫的說法本來就不值得考察求證。我暫且拿一種說法來講一講：她身爲公主不要丈夫，拋棄父母兄弟姊妹五倫正道，受些苦楚便能爲人降福驅禍。掉轉頭來又管人間兒女事，代人送子了。況且果眞送子到那裡去取來，送來又放在那裡？若說我生就是他送的，他不送我便不會生，即使是生也可能不長，天下的人眾多，我說沒有一天不生，他怎麼能夠一個一個遍處去送呢，只是女媧七十二變，牟尼有三十二相，觀音也善於變化，能化千眼、千手、千足，能化億萬慈悲法身，忽女忽男，一會兒變成老的，一會兒變成年青的，上下四方，很短時間就能走到。我以爲天地千變萬化，沒有看到一天一地變化出千萬個天地來，天道爲男，地道爲女，沒有見到天變爲地，地變爲天，沒有見到天地一會兒上一會兒下；一會兒小一會兒大，他卻能變化出乎天地之外，天地也比不上他，難道有這種道理嗎？但又聽說神仙妖怪都善於變化，我以爲古來本來沒有仙人，觀看僞神仙傳上記載牛僧孺與王昭君苟合及秦始皇、漢武帝與趙高、劉安、楊貴妃一切昏君亂臣賊宦，淫婦都列在仙人簿上，應當相信我的話不錯。若是妖怪善於變化，祀奉他以求妖怪爲我降福爲我延壽給我子孫，怎麼會有這種道理呢！但是世人貪心、妄心、淫心，一心中間片刻之間變化出千萬種心，這就是人心的妖怪啦！我心中有妖怪，外邊便眞的有鬼，物質的妖怪乘機會作祟。可能有人祀奉觀音，張仙而得子，不祀奉而死亡的，我認爲這也是料想不到的事。凡人有沒有兒子，生或死怎麼是妖怪所能夠作主的。人只要全心修德而去除那心中的妖怪，那百怪便無處發生。如果說各種幸福不降到心正的人身上卻降到一切心術不正的人身上，又怎麼會有這種道理呢？有人說供奉二像的人家多得很。難道他們的見識都不如你嗎？爲何只有你不相信而毀謗他。如此但不必責備我的不相信，而大家應自己責備自己的祀奉他的並沒有益處，才能相信我的不信，且而不被不可信的人所迷惑了。章五歲就學，到現在四十一歲，科舉考試未能上榜，孤負先人培養的心意，然而讀過不少書籍，稍微知道一些理義，絕對不敢將沒有根據有損禮教的話，刊入家譜中，對上玷汙祖先，對下誤導子孫，凡是那些通俗粗淺的話，恭謹的期望閱覽的垂聽啦。

註釋：1.牛僧孺：ㄋㄧㄡˊ ㄗㄥ ㄖㄨˊ（七七九—八四七），唐鶉觚（今甘肅雲臺）人，德宗貞元年間進士。穆宗時爲相，敬宗時封奇章郡公，與李宗閔等人結爲朋黨，排斥異己，權震天下。

2.王昭君：ㄨㄤˊ ㄓㄠ ㄐㄩㄣ，漢秭歸（今湖北秭歸）人，名嬙本元帝宮女，因匈奴呼韓邪單于請求和親，入胡，號寧胡閼氏，晉避司馬昭諱，改稱「明妃」。

3.苟合：ㄍㄡˇ ㄏㄜˊ 婚姻外的性關係。

4.乃爾：ㄋㄞˇ ㄦˇ 如此。

5.蹭蹬：ㄘㄥˋ ㄉㄥˋ，失勢，不得意的樣子。

裴氏家訓

小篆
說文衣部
隸書
張納碑陰
草書
蘇軾
草書
王迪古
草書
祝允明
甲文
甲3656
甲文
京1・36
金文
毛公鼎
金文
頌壺
小篆
說文氏部
甲文
前4・15
金文
毛公鼎
小篆
說文宀部
隸書
衡方碑
草書
王羲之
金文
毛公鼎
小篆
說文言部
隸書
校官碑
行書
王羲之

河東裴氏家訓

本家訓十二條，各條首四字，爲細目，其下之八句述明意義，並以韻句，便於誦讀。

一 敬奉祖先：生事死葬，做賢子孫，慎終追遠，祭祀禮存，貽謀燕翼，木本水源，立志向善，毋忘祖恩

二 孝順父母：人生百行，物類猶然，父母恩德，孝順爲先，況人最靈，同比昊天，跪乳反哺，孺慕勿遷

三

友愛兄弟
連氣分形
團結一體

：

世間難得
友恭以禮
姜被田荊

莫如兄弟
同心同德
怡怡後啓

四

協和宗族
毋事紛爭
倫理秩然

：

曰宗曰族
和諧齊賢
遠近親疏

一脈相傳
尊卑長幼
裕後光前

五

敦睦鄰里：同村共井　居有德鄰

相維相恤　友助和春　勿生嫌隙

有禮彬彬　基層良風　家國親仁

六

立身謹厚：謹身節用　明刊孝經

武侯謹慎　昭若日星　厚德載福

寬讓能寧　謙虛自牧　喜怒不形

七

居家勤儉：勤能補拙，儉以養廉

豐家裕國 莫此爲先 頽惰奢靡

禍害無邊 惜時愛物 居安樂天

八

嚴教子孫：家庭教育 立人丕基

誨爾諄諄 性乃不移 謹信汎愛

重道尊師 傳子一經 金玉薄之

九

讀書明德　學而時習　生計無虞：

人不讀書　其樂有餘　立達希賢

馬牛襟裾　一技專長　典型規模

十

惇厚戚朋　益友損友　和洽如春：

朋友五倫　擇遊宜珍　歲時伏臘

以德輔仁　戚黨姻親　晉接禮賓

十一

慎重言語：一言興邦　一言喪邦

圭玷可磨　言玷永傷　駟不及舌

語出須防　少說寡禍　發言有章

十二

講求公德：置身社會　公德第一

愛惜公物　遵守序秩　時時警惕

留心錯失　祛除自私　免貽人疾

河東裴氏家戒

一母忤尊親：孝經云：夫孝天之經也，地之義也，民之行也，天地之經，而民是則之。是故子女對父母長輩，應予孝順，聽從教誨，絕不許有違忤、傷害、遺棄尊親。

二母辱祖先：木本水源，慎終追遠，乃人倫之基本大道。詩云：毋念爾祖，聿修厥德。即常念爾祖，述修其德之謂。故爲人子孫者，應修身明德，遵守正道，不敢爲非，毋辱其祖先。

三毋重男輕女：天生蒸民，本爲平等，無分男女貴賤，是以父母長輩，不可有重男輕女之觀念。教育、生活、男女一律平等，吾姓女子不得以之嫁人爲妾，或溺女嬰，抛棄女嬰之事。

四毋事賭博：賭博傾家蕩產、爲害匪淺。長

輩須以身作則，決不可涉足其間，嚴禁青年後輩沈溺於斯，即使從旁觀看，決不許可，以杜其漸，占染惡習。

五毋爲盜竊：君子固窮，一介不取。廉者不受嗟來食，志士不飲盜之泉。奚肯淪爲盜賊，殺人越貨之敗類。吾姓子孫，須明廉知恥，作堂堂正正之人。

六毋貪色淫：淫嫖敗德戕身。姦淫婦女，報

應隨之，如響斯應。青年縱慾，天機早洩，損其壽算，或罹痼疾，貽害子孫。爲官貪色，身敗名裂。吾家子孫，允宜切戒。勿納於邪，非禮是遠。

七

毋吸煙毒：一般香菸，百害無益。而況吸食鴉片及有關毒品爲害尤烈。吾家子孫，應予切戒，免戕身心，傾蕩家財產業，更罹法網。

八 毋酗酒好鬥：酒以格神禮賓飲宜適度。豪飲酗酒、亂性、敗德、戕身、僨事。孟子云：少之時，血氣未定、戒之在鬥。是故吾家子孫，力戒酗酒。忍小忿、成大謀、行大勇。切勿親近惡少敗類、尋仇鬥狠。

九 毋忘本崇洋：近世以還，崇洋泛濫。須知身、家、國、民族爲其一體而不可或分者，亦即人之大本。吾家子孫，不可有忘本崇洋思想行動，如在某種不得已之情況下而入外國籍，亦須保持吾華固有之優良風尚習慣、語言、文字、及祖宗之淵源。

十毋入幫派：黑社會分子，爲害人群，苟入其中，等於陷阱，任其驅使，爲非作惡，眾所痛恨，法網難容。吾家子孫，對此視同蛇蠍虎狼，應予遠之，免遭禍害。

治家格言

治

石文	會稽刻石
小篆	說文水部
隸書	曹全碑
草書	張芝
草書	王羲之

家

甲文	前4·15
金文	毛公鼎
小篆	說文宀部
隸書	衡方碑
草書	王羲之

格

金文	格伯敦
小篆	說文木部
隸書	桐柏廟碑
草書	王羲之
草書	王鐸

言

隸書	孔龢碑
草書	王羲之
草書	張旭
行書	宋神宗
草書	韻會

治家格言

晨光熹微即起床
一日之計在於晨
晚間無事早休息
門戶水電多檢點
衣飾器物須樸素

打掃環境與廳堂
早起運動身體強
養足精神來日忙
疏忽失慎致遭殃
婦女切忌務豔妝

自奉澹泊得中和
飲食衛生最重要
宴請賓客梅花餐
房屋夠住即足矣
凡屬物資宜愛惜
勤則不匱儉有餘

營養適度菜根香
暴飲暴食腐肚腸
婚喪壽慶勿鋪張
不求華美與裝璜
暴殄天物爲不良
百事無成由頹唐

爲人父母身作則
夫唱婦隨家庭福
萬惡淫首孝善先
數典忘宗非人子
生事死葬祭之禮
男女娶嫁人倫始

教育子女有義方
兄友弟恭門第昌
反哺跪乳有鴉羊
不可捨本而崇洋
慎終追遠福無疆
兄宜慎重連鳳凰

酒色亂性致喪身
敬神如在貴誠意
積善之家有餘慶
忠厚篤實傳家遠
積財億萬非是福
豫則立兮不豫廢

嫖賭傾家鮮下場
誤崇迷信招不祥
積惡之家有餘殃
詩書經典繼世長
不如專技在身強
臨渴掘井功杳茫

行	樂	讀	求	富	正
險	觀	書	學	貴	當
徼	奮	宜	立	功	職
幸	鬥	早	志	名	業
禍	必	貴	下	莫	是
及	成	及	苦	強	神
身	事	時	功	求	聖

腳	玄	免	且	積	多
踏	思	得	須	德	財
實	幻	老	有	蓄	損
地	想	大	恆	能	志
履	如	徒	日	即	瓦
康	失	悲	就	寶	上
莊	航	傷	將	藏	霜

居必擇鄰遊就士
以德輔仁爲益友
敦睦鄰里出入友
族堂和諧一氣同
推己及人講恕道
莫貪不義財和物

見賢思齊惡探湯
酒肉損友交慎防
疾病扶持相守望
勿因小事而參商
不爲己甚逞強梁
悖入悖出天理彰

謙	助	人	狎	太	多
虛	人	有	暱	剛	言
受	心	喜	惡	則	多
益	地	慶	少	折	敗
驕	多	休	必	過	要
傲	愉	妒	受	軟	慎
敗	快	嫉	累	廢	言

諂	損	人	屈	剛	毋
媚	人	有	志	柔	道
可	利	禍	老	相	人
恥	己	患	成	濟	短
遭	畏	相	可	洽	己
棄	貪	扶	倚	陰	之
颺	狼	匡	襄	陽	長

敬老尊賢就有德
禮尚往來重仁義
寬慈得眾善與同
凡事當留餘地步
因事相爭須自反
莫興爭訟訟終凶

不凌弱小與殘障
毋分厚薄存炎涼
和氣如春能致祥
施恵無念恩莫忘
忍讓三分又何妨
有理無錢必敗傷

智者不惑明是非
毋貪口腹盜殺生
知足常樂斯不辱
公共道德應遵守
守法守分守紀綱
擇善固執履中庸

仁者不憂胸海洋
民胞物與福壽康
不忮求何用不臧
大衆秩序莫紊妨
愛家愛國愛社鄉
見義勇爲敢擔當

爲人若此庶幾可

行之有恆自芬芳

前代賢哲治家格言

△至樂莫如讀書，至要莫如教子。

△父母所欲爲者，我繼述之，父母之所重念者，我親厚之。

△門內罕聞嬉笑怒罵，其家範可知。座右遍陳善書格言，其志趣可想。

△以仁義存心，以勤儉作家，以忍讓接物。

△勤儉治家之本，忠孝齊家之本，謹慎保家

之本，詩書起家之本，積善傳家之本。

△未有和氣萃焉，而家不吉昌者。未有戾氣結焉，而家不衰敗者。

△治家嚴，家乃和，居鄉恕，鄉乃睦。

△治家忌寬，而尤忌嚴。居家忌奢，而尤忌嗇。

△無正經人交接，其人必是奸邪。無窮親友往來，其家必然勢利。

△善爲至寶一生用之不盡。心作良田，百世

耕之有餘。

△留福與兒孫，未必盡黃金白鏹，積德爲產業，由來皆美宅良田。

△仁厚刻薄，是脩短關。謙早驕傲，是禍福關。勤儉奢惰，是貧富關。保養縱欲，是人鬼關。

△作本色人，說根心話，幹近情事。

△平居寡欲養身，臨大節則達生委命，治家

量入爲出，幹好事則仗義輕財。

△有陰德者，必有陽報。有隱行者，必有顯名。

△藏書可以邀友，積德可以邀天。

△靜以修身，儉以養福，入則篤行，出則友賢。

△當厄之施，甘於時雨，傷心之語，毒於陰冰。

△慈故能勇，儉故能廣，不敢天下先，故能成器長。

△天下之最可貴者，莫如時日，天下之最奢侈者，莫如浪費時日。